BEGIN (Emile-Auguste).-Villers.Madame de Rodde...
- Metz, Vetronnais, 1839. 76 p.
Bibliothèque Nationale, Paris

28232
[Ln27-20528

L 27
Ln 20528

CHARLES DE VILLERS.

# VILLERS.

## MADAME DE RODDE ET MADAME DE STAËL.

Charles-François-Dominique de Villers, docteur en philosophie, professeur à l'université de Gœttingue, membre correspondant de l'institut royal de France, de la société des sciences de Gœttingue, de l'institut d'Amsterdam, des académies royales de Berlin et de Munich, de la société impériale de Moscou, chevalier des ordres de Saint-Louis et de l'Étoile-Polaire de Suède, etc., est un des hommes qui ont illustré davantage la fin du xviii.$^e$ siècle et le commencement du xix.$^e$ Génie vaste et profond, la nature semble l'avoir placé avec Kant, Fichte, Klopstock, Degerando, Destutt-Tracy, entre deux époques littéraires séparées par les désordres d'une sanglante révolution, pour devenir la transition morale de l'une à l'autre.

La famille Villers, des environs de Toul, était d'origine bourgeoise, quoiqu'elle se soit donnée pour noble. Le père de notre savant compatriote (Nicolas-Dominique-Charles) ayant même profité de l'un de ses prénoms pour placer un *d* devant son nom patronymique, la chambre des comptes de Nancy s'en effaroucha, et fut sur le point de lui intenter un procès. On ne serait pas aussi chatouilleux aujourd'hui, car il faudrait mettre en cause les quatre cinquièmes au moins des titrés de l'époque. M. de Villers le père tenait à ne recevoir chez lui que des personnages distingués par leur naissance; et l'on affluait dans ses salons, car il joignait à beaucoup d'esprit naturel une instruction peu commune, et l'extérieur le plus propre à la faire valoir. Élève des anciens disciples de Loyola, il était lui-même une sorte de jésuite en robe courte, dans l'acception favorable du mot. Sa fortune ne dépassait pas trente mille francs : aussi, lorsqu'il finança pour obtenir les titres de conseiller du roi et de receveur particulier des finances, se trouva-t-il dans l'obligation d'emprunter soixante mille francs à l'un de ses amis (1). Cette place, dont le cautionnement allait à quatre-vingt-dix mille francs, rapportait environ quinze mille livres, sur lesquelles M. de Villers faisait mille écus de pension à sa mère. Un noble Languedocien, François-Hugonin de Launaguet, ancien capitaine au régiment de Berri et chevalier de Saint-Louis, résidant à Toul, avait une fille aussi remarquable par les agréments physiques que par les qualités du cœur et les dons de l'esprit; elle n'eut point de peine à captiver le cœur de M. de Villers, qui l'épousa. Il en eut neuf enfants, cinq filles et quatre fils, dont notre auteur fut l'aîné (2).

---

(1) M. de Cuvry.

(2) M. de Villers le père est mort en 1809, à Sarreguemines, où il remplissait, avec autant de savoir que de probité, les fonctions de juge au tribunal de première instance. Il avait présidé, en l'an VIII, le collège électoral de la même ville.

Voilà sur quelles bases se trouvait assise la maison Villers lorsqu'elle résidait dans la petite ville de Boulay (Moselle). C'était une famille patriarcale, mais ambitieuse, à mœurs douces, mais sévères, ayant des principes religieux et monarchiques arrêtés, se trouvant très-bien de l'ordre établi, et ne cherchant, en aucune sorte, les moyens d'en sortir.

Charles Villers, né à Boulay le 4 novembre 1765, fut tenu sur les fonts baptismaux par son aïeul maternel et par madame Marie-Marguerite Maurice, sa grand'mère du côté paternel. Il eut depuis, pour mentor spécial et dévoué, un homme du plus beau caractère, aussi modeste que savant, aussi aimable que désintéressé, M. de Launaguet, son oncle, alors capitaine au régiment de Metz (artillerie) (1).

Villers montra, dans son enfance, une grande répugnance pour l'étude: tous les jours c'étaient de nouvelles larmes quand il fallait aller à l'école. Un soir sa mère, fatiguée de renouveler des exhortations inutiles, le menaça de lui faire faire un bât, puisque son parti semblait arrêté de demeurer un âne, et de l'astreindre à porter le blé au moulin, dans la compagnie des baudets de la ville. Charles de Villers s'en fut coucher sans mot dire, et le lendemain matin il pria sa mère de lui donner le bât dont elle avait parlé la veille, ajoutant qu'il aimait mieux porter le grain sous la meule que d'apprendre à lire. Placé, vers l'âge de neuf ans, au collège des bénédictins de Metz, il fit d'assez médiocres études ; il dut même son admission au titre d'élève aspirant dans le corps royal d'artillerie, à la grande

---

(1) Il se retira dans la ville de Nancy avec une retraite de 600 fr., qu'il cumula avec la place de conservateur du musée, créée pour lui. Pendant la guerre d'Amérique, M. de Launaguet eût fait vingt fois fortune, si son désintéressement rare ne l'avait point porté à refuser de profiter des gains les plus licites.

considération qui environnait son oncle; on le reçut *malgré son peu de savoir mathématique, et bien qu'il ne fût point gentilhomme*, qualité qui était alors exigée. Entré l'année suivante à l'école d'artillerie de Metz, il fut nommé, le 1.er septembre 1782, second lieutenant au régiment de Toul, et passa, le 11 janvier suivant, au régiment de Metz, alors en garnison à Strasbourg. Les expériences de Mesmer sur le magnétisme y faisaient beaucoup de bruit. Villers, dont l'imagination ardente s'enthousiasmait volontiers de tout ce qui lui paraissait extraordinaire, désira vivement connaître le secret de ces expériences; mais M. de Puységur, major du régiment, s'étant refusé à ce que son jeune officier satisfît cette curiosité, Villers, piqué au vif, voulut s'initier de lui-même dans le mystère qu'on dérobait à ses regards, et il y parvint, en effet, par ses propres méditations.

Admis alors dans la *société* dite *de l'Harmonie*, composée d'officiers du régiment, sous la présidence de M. de Puységur, et dont les réunions avaient pour but des expériences sur le magnétisme, Villers devint bientôt l'un des membres les plus zélés de cette confrérie philosophique. Il composa même un *Manuel du Magnétiseur* (1) qu'on se passa de main en main, qu'on lut avec avidité, et pour lequel les éloges, les commentaires et les critiques surgirent de tous côtés. Il y eut en Alsace deux partis, deux camps rivaux où se rangèrent les opposants et les soutiens du magnétisme. Mais ceux-ci jouirent de tout l'éclat d'un triomphe, lorsque le comte de Cagliostro (2) se fut déclaré leur champion.

---

(1) Nous l'avons retrouvé dans les papiers de Villers, écrit de sa propre main.

(2) Le comte Alexandre de Cagliostro (Joseph Balsamo), né à Palerme, le 8 juin 1743, célèbre par ses connaissances, son esprit, ses escroqueries;

Cagliostro que sa bizarre destinée avait conduit en Alsace, après avoir visité successivement la Grèce, l'Égypte, l'Arabie, la Perse, Rhodes, l'île de Malte, habitait Strasbourg depuis le 19 septembre 1780, avec sa jeune compagne, la belle Lorenza Feliciani. Sur les recommandations les plus pressantes des ministres Miromesnil, Vergennes et Ségur, l'illustre aventurier était devenu l'objet d'une réception brillante, digne d'un souverain. On lui montrait les plus grands égards. Quand il paraissait en public, le peuple enthousiasmé l'accompagnait de vivats répétés, dételait les chevaux de sa voiture, et le portait en triomphe comme un génie bienfaiteur descendu des cieux. La conduite de l'adroit charlatan justifiait, au reste, les ovations qu'il recevait; car, trois fois la semaine, on le voyait, au milieu d'une salle immense, courir de pauvre en pauvre, panser leurs blessures dégoûtantes, adoucir leurs maux, les consoler par l'espérance, leur distribuer ses remèdes, prodiguer l'or et les secours à pleines mains (1).

Ce fut dans la loge maçonnique de Strasbourg, présidée par Cagliostro, que Villers fit sa connaissance. Les travaux de l'O∴, le magnétisme, et plus encore les charmes de Lorenza Feliciani servirent de base à leur liaison. Cagliostro suivait les expériences de Villers et du marquis de Puységur; Villers partageait ses loisirs entre le mesmérisme et l'amour, entre le tribut d'admiration dû aux talents du comte, et les gages de tendresse qu'il déposait aux pieds de Lorenza. Cagliostro préoccupé, peu scrupuleux d'ailleurs sur l'article des mœurs, laissait agir sa femme comme si des liens sacrés ne lui eussent point imposé de devoirs; et sa femme et Villers en profitaient.

---

sa munificence, ses bienfaits, ses voyages, ses aventures remarquables, son procès, et sa mort au château de Saint-Léon, en 1795.

(1) La Borde. *Lettres sur la Suisse.*

Le départ du régiment de Metz pour Besançon amena la séparation des deux amants. Elle ne se fit point sans promesses, sans protestations et sans larmes. Mais Lorenza eut bientôt formé de nouveaux liens, et Villers courut à d'autres conquêtes.

Il y avait alors à Besançon un homme charmant, spirituel, plein de grâces et d'amabilité; c'était le marquis de Lezay-Marnésia (1), poète et philologue, dont les salons s'ouvraient journellement pour la meilleure compagnie. Villers lui ayant été présenté, réitéra chez lui ses expériences sur le magnétisme, prit du goût aux études sérieuses, s'essaya dans plusieurs compositions littéraires, et dut aux conseils bienveillants, au tact parfait de Marnésia et de sa femme, mademoiselle de Nettancourt, le ton de bonne compagnie qui distingue ses premiers écrits.

Dans les premiers jours du mois de mai 1787, lorsque chacun, à Besançon, était préoccupé du froid inhabituel qui régnait, Villers composa *le Magnétiseur amoureux* (2), roman d'un genre nouveau, dont l'action a lieu dans le château

---

(1) Le marquis Claude-Adrien-Louis de Lezay-Marnésia est né à Metz le 24 août 1735, où son père servait en qualité de capitaine au régiment de Navarre. Sa mère, Antoinette-Charlotte de Bressey, fille d'un chambellan de Léopold, duc de Lorraine, avait brillé long-temps à la cour de Nancy avec mesdames de Graffigny, Rose de Mitry, qui faisaient le charme des réunions léopoldines. Marnésia eut toutes les qualités d'un littérateur aimable. Nommé à l'assemblée nationale, il y professa des sentiments libéraux et monarchiques, fut obligé de s'exiler, et ne reparut en Franche-Comté que pour y mourir, le 9 novembre 1800. Nous lui avons consacré un long article dans notre *Biographie de la Moselle*.

(2) *Le Magnétiseur amoureux*; par un membre de la société harmonique du régiment de Metz, du corps royal de l'artillerie. A Genève (Besançon), 1787. VIII, 229 pages, dont 25 de notes en petit-texte.

Ce livre a pour épigraphe: *Je crois pouvoir lui donner ma vie et l'animer de mon âme.* J.-J.-R. Pygne.

de M. de Sainville. « Ce seigneur est riche ; il a vécu longtemps à Paris, et, quoiqu'il soit un homme de très-bon ton, il a beaucoup de solidité dans l'esprit, et de droiture dans le jugement ; il est en conséquence le modèle des maris de la ville et de la province. Madame a toutes les qualités possibles, et y joint un fonds de vivacité qui ne lui permet pas de rien voir froidement. Elle est encore belle dans un âge très-mûr, c'est-à-dire qu'elle jouit des débris de sa jeunesse.

« Caroline est la fille de M. et de M.<sup>me</sup> de Sainville ; ils se sont dérobés pour elle aux plaisirs de la capitale, et sont venus soigner l'éducation de l'unique fruit de leur amour dans une petite ville au bout du monde.

« Je ne ferai pas le portrait de la belle Caroline, je prierai la jolie femme qui me lira de se représenter celle qu'elle déteste le plus cordialement, et ce sera mon héroïne. Qu'un homme se peigne sa maîtresse, et ce sera elle encore. J'ajouterai seulement qu'elle a dix-huit ans, qu'elle est d'une santé chancelante, et que les mauvais plaisants cherchent la cause de sa maladie dans son âge.

« Valcour est reçu chez M. de Sainville comme doit l'être le fils d'un ancien ami ; le père, la mère, et surtout la fille, sont enchantés de lui. Depuis trois ans qu'on le connaît, on n'a jamais tari sur l'éloge de son esprit, et plus encore de son cœur. Caroline n'a jamais fait cet éloge à personne, mais on le réitérait souvent devant elle, ce qui devenait fort embarrassant : la candeur naïve est le fond de son caractère, et elle ne connaît pas encore l'art heureux de ne plus rougir.

« Il est d'usage que, lorsqu'on établit autant de rapports entre une femme de dix-huit ans et un homme de vingt, c'est afin que l'amour se mette de la partie : ceux-ci, scrupuleux sur les bienséances, ne manqueront pas de s'aimer à la rage, en attendant que la fin du roman couronne leur ardeur mutuelle.

« La figure la plus caractérisée de l'assemblée est celle de cet abbé qui vient d'interrompre Valcour : sa tête volumineuse tient à deux épaules bien exactement par un cou gras et court, surchargé du poids de son menton. Sur sa large poitrine brille une croix d'or, signe certain des bienfaits de l'Église, que l'embonpoint du personnage certifie complètement. Il conserve une idée confuse d'avoir reçu jadis le bonnet de docteur en Sorbonne ; son esprit, contenu par des organes épais, ne peut s'élancer au-delà de son enveloppe renforcée ; il assaisonne assez souvent ses phrases d'un hoquet de rire convulsif, qui est son expression favorite.

« Dans le fond de l'appartement se promène en rêvant un homme à mine discrète ; cet homme est ami, et qui pis est, médecin de la maison. L'esprit de parti ne l'anime jamais ; l'évidence et la raison le frappent toujours. C'est donc un médecin rare, dira-t-on ? — Oh ! très-rare ! »

Si l'on ajoute à ces personnages un baron d'Etampes, spirituel et généreux, fiancé secrètement à Caroline, une gouvernante parfaite attachée à cette dernière, un valet de comédie du nom de Germain, on connaîtra les acteurs de ce petit drame, dont les scènes généralement froides, puisqu'elles se passent presque toutes en conversations philosophiques sur le magnétisme, sont animées par les rapports amoureux de Caroline et de Valcour.

L'auteur, prenant Valcour pour interprète, entre dans une suite de considérations ingénieuses, même profondes, sur *l'union de la matière et de l'esprit* chez l'homme et les animaux ; sur *l'action de l'âme*, principe du mouvement ; sur les *impressions des sens par l'entremise du système nerveux et du fluide magnétique ;* sur le *sommeil*, le *somnambulisme*, les *habitudes*, les *rêves*, les *visions*, les *pressentiments ;* sur la *manière de diriger le somnambule* et *d'opérer des cures magnétiques*. Il pose, entre autres principes, 1.° que l'âme produit chez l'homme deux effets bien distincts, celui d'entretenir dans toute la machine le mouvement uniforme qui constitue la vie et la santé, et celui de *penser* dans les organes destinés à cet effet ; de sorte qu'elle devient principe *mouvant* dans tout le corps et principe *pensant* dans la tête ; 2.° que le magnétiseur exerce une influence d'autant plus marquée sur le magnétisé, que leur âme contracte une liaison plus intime l'une avec l'autre, qu'ils ont plus d'identité dans leurs affections morales ; 3.° que, dans le somnambulisme, le magnétiseur augmente de l'action de son âme les facultés du somnambule, les rend quelquefois susceptibles d'une prodigieuse délicatesse d'impression, et s'identifie complètement avec lui ; 4.° que l'appareil déployé par Mesmer, avec son arbre, son baquet, etc., n'est utile qu'en frappant l'imagination du malade, et deviendrait nuisible aux expériences, si le magnétiseur y portait trop d'attention ; 5.° que, dans un état de somnambulisme parfait, l'âme agissant indépendante de la matière, acquiert des connaissances nouvelles intimes, et se met en rapport avec des êtres éloignés, par l'intermédiaire du magnétisme ; 6.° qu'un somnambule ne se trompe jamais sur la nature de sa maladie, sur les remèdes qu'il faut employer, etc. ; 7.° que les pressentiments s'expliquent par l'influence magnétique de l'âme, et que dans les effets si improprement appelés *hasard*, *nature*, il faut voir l'opération cachée du magnétisme animal.

Ces idées, presque toutes appuyées sur des expériences faites par Villers, ou sur des faits dont il avait été témoin, reçoivent aujourd'hui, sous bien des rapports, leur confirmation authentique. Notre auteur a eu le talent de les exposer avec élégance, naturel et précision ; quoiqu'ils nuisent beaucoup à la marche du roman, on le lit avec un intérêt soutenu, parce que l'action en est simple. Cependant, je ne conçois pas trop comment il se fait que M. et M.<sup>me</sup> de Sainville, éclairés sur les sentiments de Caroline et de Valcour, persistent à recevoir les instructions métaphysiques de ce dernier, et attendent, pour l'éloigner, le retour du baron d'Étampes ; je voudrais aussi que l'abbé jouât un rôle moins insignifiant, et qu'au lieu d'en faire un objet ridicule, l'auteur eût mis dans sa bouche les idées élevées que la religion inspire à ceux qui l'entendent comme elle doit l'être.

Malgré ces reproches, *le Magnétiseur amoureux* se place parmi les ouvrages les plus remarquables publiés sur le mesmérisme. Il décèle une puissance de logique fort remarquable, des connaissances positives en physiologie, de la probité dans les inductions, et du mérite littéraire chez un jeune officier de vingt-deux ans. Villers reçut des lettres de félicitation de Mesmer, de Cagliostro, et de tous les partisans du magnétisme. Son *Magnétiseur amoureux* courut le monde, fut un objet de mode, un caprice de jolie femme, et devint le *vade-mecum* des membres sociétaires de *l'Harmonie* du régiment de Metz, auxquels il l'avait dédié.

J'ai toujours pensé que M. et M.<sup>me</sup> de Sainville ne sont autres que M. et M.<sup>me</sup> de Marnésia ; que la scène du roman est Saint-Julien, près de Lons-le-Saulnier, campagne charmante où le marquis de Marnésia recevait Boufflers, Cerutti, Palissot, Saint-Lambert, Chamfort, et d'autres hommes de lettres auxquels Villers fut présenté. Quoi qu'il en soit de cette opinion, notre compatriote passa des mois entiers à Saint-Julien, cultivant, à l'abri d'une bienveillante et tendre amitié, les lettres et le magnétisme.

En 1788, Cagliostro, échappé des serres de l'official de Paris, forcé de s'expatrier, se trouvait en Suisse avec Lorenza.

La *société de l'Harmonie* du régiment de Metz lui vota une adresse, et Villers fut chargé de la lui remettre. Quelques jours passés à Bâle réveillèrent chez le jeune officier des sentiments qu'il croyait éteints ; mais ils furent passagers.

Villers avait enfin senti le prix de l'instruction. C'était peu pour lui des devoirs de son état, qu'il remplissait avec une rigoureuse exactitude, et des travaux scientifiques auxquels un officier d'artillerie est obligé de se livrer journellement ; l'activité d'esprit de Villers n'en eût pas été satisfaite. Il fallait à cette âme brûlante des aliments divers, qui ne l'exposassent point à languir sur un seul genre d'étude, lorsqu'elle pouvait les embrasser presque tous. On le voyait se familiariser avec les travaux de nos plus célèbres mathématiciens, étudier le grec, l'hébreu, composer des pièces de théâtre, et mériter, par anticipation, les éloges de La Harpe et des autres grands critiques qui tenaient le sceptre de la littérature française.

Ayant pris des leçons de déclamation du célèbre acteur Volange, très-habile dans les pièces à tiroir, il devint lui-même un acteur de société fort distingué, et joua la comédie avec le plus grand succès à Besançon. D'éclatantes et nombreuses bonnes fortunes signalèrent sa présence dans cette ville. Il y connut, entre autres femmes, une actrice qui fut tellement éprise de lui, qu'elle voulut ne plus le quitter, et renoncer à sa profession pour le suivre en tous lieux.

Chaque année, Villers passait un semestre à Boulay, petite ville alors très-agréable, animée par une garnison de cavalerie, et par une foule de personnes remarquables sous le rapport des dons de l'esprit ou des autres qualités sociales. Tels étaient madame la comtesse de Ligneville, le comte Jacques de Ligneville, abbé commendataire de Fécamp, le comte de Bony-Lavergne, la comtesse de Landreville, la baronne Omoore, messieurs de Mairesse, Séchehaye, Grimer, madame Anthoine, née de Rogéville, messieurs et mesdames de Limpach, de Villers, de Keller, de Bock, de Galonnier, de Vaulx, de Blair, etc. Les campagnes environnantes, parfaitement habitées, fournissaient aux cercles de Boulay une société brillante, et l'on y voyait fréquemment réunies cinquante à soixante personnes du meilleur ton. Jamais la hargneuse politique n'obscurcissait des fronts ouverts à la gaîté ; jamais l'avenir ne s'offrait que sous les plus riantes couleurs de l'espérance et du plaisir. Villers, type du vrai Français, doué d'une figure spirituelle, de manières faciles, d'une conversation attachante, pittoresque, galant au suprême degré, devenait l'âme de ces réunions, et ne négligeait aucuns frais pour conserver sa supériorité d'aimable cavalier.

Un théâtre d'amateurs s'était organisé sous sa direction ; M. Anthoine (1), lieutenant-général du bailliage, avait consacré sa grange à cette administration dramatique, et l'on jouait *le Cid*, *le Joueur*, *la Partie de Chasse de Henri IV*, *la Gageure imprévue*, *le Directeur dans l'embarras*, etc. ; Villers tenait les rôles à caractère et ceux de jeunes premiers ; madame Anthoine jouait les héroïnes et tous les grands premiers rôles. MM. de Villers le père, de Mairesse, Grimer, greffier en chef du bailliage, étaient ceux de ces sociétaires improvisés qui, après madame An-

---

(1) Anthoine (François-Paul-Nicolas) fut nommé député du tiers-état à l'assemblée nationale, puis maire de Metz, membre de la convention, etc.... Il vota la mort du roi sans sursis et sans appel. Ce magistrat, décédé à Metz le 19 août 1793, avait donné par testament tous ses biens à la république, au préjudice de sa veuve, qui ne devait en conserver que l'usufruit. La convention ayant pris ce legs en considération, le refusa comme étant contraire aux lois de l'état et aux principes de la république.

thoine et Villers, remplissaient leur tâche avec le plus d'intelligence. On conçoit que des acteurs aussi aimables et des actrices aussi tendres ne pouvaient manquer de vivre dans une parfaite harmonie de sentiments ; les passions exprimées sur la scène devenaient souvent le miroir fidèle d'autres passions cachées, et quand Villers et madame Anthoine, par exemple, remplissaient un rôle, les spectateurs étaient moins occupés de la pièce que de l'amoureux abandon avec lequel les deux premiers sujets se livraient aux élans d'une inclination mutuelle. Cette inclination alla même si loin, qu'on lui attribue, en grande partie, les fureurs révolutionnaires d'Anthoine et l'émigration de Villers. Voilà comme les évènements politiques d'un ordre majeur tiennent souvent à des scènes de famille, à quelques intrigues qui passent inaperçues, et que l'histoire n'enregistre pas.

Quoi qu'il en soit, Villers ne fut jamais ni le soutien, ni l'ami de la révolution française, bien que nous l'ayons dit quelque part (1). Au milieu des passions incandescentes dont l'arène politique se trouvait embrasée, tous les hommes qui, semblables à Villers, désiraient une amélioration sociale produite sans secousse et sans tourmente, gémissaient sur les sanglants résultats qu'allait amener l'établissement du régime nouvellement institué. Villers en fut d'autant plus affecté, qu'ayant connu beaucoup d'hommes appelés à jouer un rôle dans les affaires publiques, il les avait vus presque tous changer de caractère et de principes, et non seulement obéir à l'impulsion du torrent populaire, mais travailler encore à briser les digues qui auraient pu le contenir, sinon l'arrêter. Ce fut dans cette situation d'esprit qu'il s'éleva contre la révolution française, ne jugeant pas le peuple français assez

---

(1) *Biographie de la Moselle.* Metz. Verronnais. 1829-1831. In-8.°, vol. IV.

vertueux ni assez éclairé pour jouir d'une indépendance aussi large que celle à laquelle l'appelait l'ardeur philosophique du siècle. Il exprima sa douleur et son indignation avec une franchise qui souleva contre lui la haine du parti dominant ; et regardant comme un devoir religieux d'éclairer ses compatriotes, il publia différentes brochures, parmi lesquelles nous citerons une satire politique intitulée : *Les Députés aux États-Généraux*, février 1789, in-8.°; l'*Examen du Serment civique*, 1790; les *Regrets d'un Aristocrate sur la destruction des Moines*, 1791.

Dans le premier de ces écrits, l'auteur flétrit par des vers pleins de verve les intrigues et les manœuvres employées dans les opérations électorales; il développe des vues saines, expose des vérités fortes, annonce les maux qui pouvaient résulter de choix peu dignes de la France. Dans le second, il dévoile les contradictions et les absurdités renfermées dans la formule du serment que prêtèrent les gardes nationales fédérées. Une de ces brochures fut attaquée d'une manière très-vive par La Harpe, alors démocrate et philosophe; mais Villers l'ayant revu depuis à Paris, les deux antagonistes se serrèrent affectueusement les mains et restèrent bons amis.

Villers composa en outre une diatribe contre Anthoine, qui finissait par ce vers :

Fuis dans les bois, ou reconnais un maître.

Tel fut le prélude de notre écrivain à une composition d'un ordre beaucoup plus élevé, sur *la liberté* (1).

---

(1) *De la liberté : son tableau et sa définition ; ce qu'elle est dans la société ; moyens de l'y conserver.*

*Aliud est, aliud dicitur.* AULU-GELL.
Tout le monde en parle, et personne ne sait ce que c'est.

Sans nom d'auteur. A Metz, de l'imprimerie de Collignon, 1791. In-8.° de 238 p., avec table. 2.ᵉ éd. Paris, même année. 271 p. 3.ᵉ éd. Paris, 1792.

Cet ouvrage ne pouvait manquer d'attirer sur son auteur des persécutions et des dangers. Divisé en livres et chapitres, écrit d'une manière serrée et avec une grande puissance de logique, il avait pour objet de démontrer, d'après l'expérience des siècles, l'opinion des publicistes et l'examen impartial d'une société encore souillée des vices de la régence, combien était fausse l'idée qu'on se formait en France du régime de liberté sous lequel les masses pouvaient vivre. Dans le premier livre, Villers, après avoir défini la liberté, *la faculté d'agir en conséquence de tous les actes de la volonté, sans éprouver aucune contrainte*, s'attache à prouver, et, avec une définition aussi large, c'était chose facile, que la *liberté* ne s'accommode à aucune forme sociale, qu'elle est impossible dans l'état de civilisation, et qu'en définissant la liberté, *le pouvoir de faire tout ce qui n'est pas défendu par la loi*, on limite la liberté au point d'en faire une condition d'esclavage, puisque, en société, il n'est pas une démarche un peu importante où la loi ne vienne prendre la place de la volonté. Dans le second livre, il expose ce qu'on doit entendre par *liberté politique* dans l'état social, et il trouve qu'elle n'est autre chose que la *sûreté publique*, et la *justice* également répartie à tous. Mais la *sûreté* et la *justice* ne peuvent se maintenir que par l'*obéissance aux lois*; l'obéissance aux lois suppose des *vertus sociales* qui n'existent point au milieu d'un peuple corrompu ; les lois, continuellement frappées et minées sourdement, cessent bientôt d'y être en vigueur, et l'on voit survenir le despotisme ou l'anarchie, deux maux qui s'engendrent mutuellement. Pour n'être pas esclaves, il faut que les Français soient vertueux ; il faut qu'ils soient *régénérés*, car régénérer un peuple, c'est le faire passer, par de sages lois, du vice et du désordre à la tempérance et à la modération. La 3.ᵉ partie du livre de Villers est consacrée à l'examen des moyens propres à maintenir la sûreté et la franchise publiques. Le meilleur, selon lui, consiste à éviter la tyrannie de tous et la tyrannie d'un seul. « Les diverses formes de gouvernement penchent plus ou moins, dit-il, vers ces deux excès ; démocratie, aristocratie, monarchie, toutes ont un vice radical qui les fera bientôt dégénérer. Ce n'est pas que ces gouvernements ne soient bons et parfaits de leur nature : ils ne deviennent vicieux, que parce que les hommes qui s'en servent sont eux-mêmes vicieux. Chez un peuple simple et tempérant, démocratie, aristocratie, monarchie, tout est bon : chez nous, tout est mauvais. L'arbre le plus bienfaisant, transplanté au milieu d'un bourbier fétide, porte bientôt des fruits avariés. Il faut alors recourir aux greffes, aux palliatifs, aux complications ; remèdes passagers, mais les seuls à mettre en usage, quand on ne veut pas changer la nature du terrain. » L'auteur, après avoir successivement examiné en quoi consiste la *tyrannie* ou le *despotisme*, la *démocratie*, l'*aristocratie*, la *monarchie*, l'*institution des représentants*, le *gouvernement tempéré*, la *loi*, le *législateur*, le *pouvoir législatif* et *exécutif*, le *mode d'élections*, le *vice* qui en résulte, termine par la conclusion suivante : « Ici je fixe à ma carrière une borne que j'aurais pu beaucoup reculer. Le plan que j'ai embrassé fournirait bien d'autres développements ; mais il est difficile d'être lu quand on est volumineux, comme il n'est pas aisé d'être entendu quand on est concis : j'ai tâché de marcher entre ces deux points. J'ai eu affaire aux préjugés, aux passions ; forcé de parler leur langage, je me suis éloigné quelquefois du ton qui convient à la politique. Je pourrais penser que j'ai réussi, sans qu'on fût obligé d'en convenir ; mais ce qu'on doit croire, parce que cela est vrai, c'est que l'amour de l'humanité et de ma patrie m'a constamment servi de guide. J'ai montré l'homme libre et indépendant ; j'ai prouvé que la société lui imposait des liens, et le privait de sa liberté. Mais tant qu'il a eu peu de besoins et peu de vices, il est demeuré assez près d'elle. Par une progression décroissante inévitable, nous l'avons vu s'éloigner de la liberté, et descendre vers l'asservissement à mesure que ses vices, ses plaisirs, son luxe augmentaient, et nécessitaient de nouveaux liens. Le seul parti à prendre alors pour se régénérer, est de redevenir vertueux et simple : si l'on veut corruption et liberté ensemble, on n'aura rien du tout, et on ne fera que se débattre contre une ancienne tyrannie, pour retomber sous une nouvelle plus violente que la première, parce qu'elle aura besoin de s'affermir ; on secouera des fers dorés, pour reprendre des chaînes couvertes de boue et de sang. Le seul palliatif qui puisse encore faire connaître une ombre de repos et de franchise à un peuple vicieux, c'est un gouvernement plein de vigueur, tempéré par des corps de sages et d'anciens, qui n'aient d'autre pouvoir que d'opposer à l'autorité une simple résistance, sans jamais refluer sur les peuples. Européens du dix-huitième siècle, qui êtes bien loin des mœurs nomades et patriarcales, ayez des rois, aimez-les et respectez-les ; car c'est aimer la patrie et les lois qu'ils représentent. Méfiez-vous de ceux qui vous exaltent au nom de la liberté ; et puisque vous n'êtes pas en état de juger leur ouvrage, examinez au moins l'ouvrier : s'il est un scélérat, hâtez-vous de repousser indistinctement tout ce que sa main pourra vous présenter ; le génie ne peut mériter votre confiance que lorsqu'il est accompagné de la probité la plus austère. »

Le livre de Villers est certainement un des meilleurs plaidoyers qui aient paru en faveur de la royauté. Son succès fut immense. Mais l'orage gronda tout à coup sur l'imprudent écrivain dont la plume hardie voulait s'imposer comme une barrière au danger des innovations qui, en 1791, fermentaient dans toutes les têtes. La retraite, l'exil ou la mort, telles étaient les trois conditions laissées à son choix : cependant, il continua de remplir avec autant de zèle que de courage ses devoirs de citoyen et de lieutenant en premier au régiment d'artillerie de Metz, depuis le 11 avril 1787 (1). Villers y remarqua un sous-officier du plus rare mérite, et se plut à cultiver ses dispositions naissantes ; circonstance dont il faut, je crois, tenir compte, si l'on veut expliquer l'éloignement de Napoléon pour notre philologue, car ce sous-officier était Pichegru.

Villers, passé capitaine en 1792, fut attaché, en qualité d'aide-de-camp, au général marquis de Puységur. Tout semblait alors lui annoncer un avancement rapide ; mais les périls qui le menaçaient, ainsi que sa famille (2), ayant pris un caractère fort alarmant, il jugea qu'il était sans raison comme sans utilité de les braver, et partit au mois d'avril pour l'armée du prince de Condé, avec la plupart des officiers de son régiment. Au mois d'août suivant, il reçut ordre de se rendre à celle des princes, campée alors sous les murs de Trèves. La république, dans cette première campagne, triompha de ses ennemis et anéantit l'espoir des amis de la monarchie. Beaucoup d'émigrés essayèrent de rentrer en France. Au mois de novembre, Villers revint dans sa ville natale chercher un refuge au sein de sa famille : il gagna sa chambre, inoccupée depuis nombre de mois, et y fit allumer du feu. Mais un menuisier, fougueux révolutionnaire, du nom de Gérin (3), logé en face, aperçut de la

---

(1) Le régiment de Metz était en garnison à Besançon en 1787.

(2) Le père de Villers fut remboursé de sa finance en assignats de nulle valeur, et incarcéré au couvent de Saint-Vincent de Metz, dont on avait fait une prison d'état. La chute de Robespierre lui rendit la liberté.

(3) Ce Gérin avait un talent remarquable pour dévaliser les châteaux,

fumée qui s'élevait de l'appartement habité par Villers. Persuadé que cet émigré était de retour, il fut en avertir le commandant d'un bataillon de volontaires en cantonnement à Boulay. Cet officier fit investir la maison, et dirigea lui-même de minutieuses perquisitions, auxquelles Villers échappa par la présence d'esprit d'un fidèle domestique, qui mourut, peu de jours après, des suites de l'épouvante que lui avait occasionnée la vue du danger auquel son maître était exposé. Ce brave homme entendant frapper à la porte au milieu de la nuit, courut prévenir madame de Villers la mère, qui s'empressa de mettre du fard pour cacher son émotion, et d'aller avec assurance au-devant des volontaires. Charles Villers s'était hâté de gagner la remise, où le domestique en question ne trouva d'autre moyen de le soustraire aux regards, qu'en le blottissant dans l'angle d'un mur, derrière quelques fagots qu'il dressa devant lui. Les volontaires en traversèrent plusieurs avec la pointe de leur sabre, pendant que madame de Villers tenait d'une main une bougie, et de l'autre un diamant de beaucoup de valeur qu'elle avait l'intention d'offrir à l'officier, dès qu'elle le verrait sur la trace du fugitif; mais il ne fut pas découvert. Après la sortie des perquisiteurs, Villers gagna la maison de mademoiselle de Galonnier, qui touchait à celle de son père. Le lendemain, il se déguisa en paysan, courut à la frontière en traversant de vastes forêts, arriva non sans peine à Sarrebruck, et gagna ensuite les environs d'Aix-la-Chapelle, où un voleur le dépouilla du peu qu'il avait emporté. La *Biographie universelle* dit, à cette occasion, que, dans l'incertitude pénible où se trouvaient les parents de

---

les églises et les monastères. Quoiqu'il ne sût ni lire, ni écrire, on le nomma successivement procureur, syndic, maire de Boulay, etc... Il est mort dans la plus profonde misère.

Villers sur les moyens de lui envoyer des fonds avec sûreté, une de ses sœurs entreprit à pied, sous le costume d'une femme du peuple, le voyage de Boulay à Francfort, pour faire parvenir à son frère les secours dont il avait le plus pressant besoin.

Un riche Hollandais, charmé de l'esprit et de la tournure avantageuse du jeune fugitif, l'avait recueilli chez lui, avec l'intention de le faire passer pour son fils ; mais l'invasion de l'armée française en Hollande ne permit pas à Villers d'user long-temps de cette gracieuse hospitalité. Il se rendit à Luech, où il trouva, chez une des familles les plus distinguées du pays, tous les soins officieux qu'on n'est en droit d'attendre que de ses propres parents. A l'approche de l'armée française, il suivit cette famille à Munster, et passa ensuite à Holzminden sur le Wéser. Cette dernière ville lui servit de séjour pendant quelques années ; il y contracta une étroite liaison avec le médecin Brandies, de Copenhague, avec l'abbé Hœlzler et le prévôt Bauzen, hommes d'un grand mérite, qui commencèrent à initier notre compatriote dans le secret des richesses de la littérature allemande. Ce fut en 1794 qu'il alla, pour la première fois, à Gœttingue. Hœlzler lui avait donné une lettre pour l'illustre Kæstner, professeur à l'université de cette ville savante, un des plus célèbres mathématiciens de l'Allemagne, auteur de plus de deux cents ouvrages sur les sciences exactes et la philologie. Son estime fut bientôt acquise au jeune Français, dont le germanisme commençait à se développer ; il le présenta aux membres de l'université, dont il devait un jour devenir le collègue, et le mit à même de commencer ces liaisons scientifiques si fécondes en résultats heureux, et si agréables pour l'homme de lettres, lorsqu'un sentiment de jalousie ne vient pas en détruire le charme. C'est à cette époque de la vie de Charles Villers qu'il faut fixer ses premiers rapports avec le professeur Heyne, illustre interprète de Virgile, secrétaire de la société royale de Gœttingue; Frédéric Brandies, jurisconsulte profond, doué de facultés étendues, d'une grande pénétration et d'un esprit supérieur qu'une mort inopinée empêcha de mûrir; Spittler, écrivain philosophe dont le vaste génie embrassait d'un coup d'œil toutes les particularités de l'histoire; Schlœser, publiciste, remarquable par sa profonde sagacité, son scepticisme et ses nombreuses investigations historiques; et d'autres hommes d'un grand mérite, presque tous professeurs à l'université de Gœttingue. En 1796, Villers ayant fait un second séjour, plus long que le premier, dans cette ville, cultiva avec assiduité les liaisons qu'il y avait déjà commencées, surtout avec la famille de Schlœser, dont la fille, madame de Rodde, devait incessamment entrer pour beaucoup dans les affections de notre compatriote. Ce fut, je crois, pour elle qu'il écrivit sa *Lettre sur l'abus des grammaires dans l'étude du français*, etc. (1) Villers fit aussi différents voyages à Eutin, à Altona, à Hambourg, et dans d'autres villes où il séjourna quelque temps, toujours accueilli, toujours aimé des personnes qui tenaient un rang dans les lettres et dans le monde. Il serait fastidieux de rappeler toutes ses liaisons scientifiques et littéraires, mais nous ne pouvons laisser ignorer la profonde estime et l'étroite amitié qui l'unirent au chanoine Meyer, à Klopstock, l'Homère et le Pindare de l'Allemagne; au comte de Stolberg, émule et rival de Klopstock en poésie, auteur dramatique et lyrique d'une grande distinction; au gracieux et tendre Jacobi, le Gresset de l'Allemagne; au poète Gerstenberg; à Voss, aussi grand critique que grand

---

(1) *Lettre à M.lle D. S. sur l'abus des grammaires dans l'étude du français, et sur la meilleure méthode d'apprendre cette langue.* Sans nom d'auteur. Gœttingue, 1797. In-8.º

poète; et aux principaux membres de cette joyeuse et spirituelle réunion des *Amis de Gœttingue*, dont l'histoire littéraire de la Germanie a conservé le souvenir.

Le projet que Villers avait formé, en 1797, d'aller habiter la Russie, l'ayant conduit à Lubeck, dit M. Stapfer, auteur de son article dans la *Biographie universelle* des frères Michaud, « il se sentit singulièrement attiré par le spectacle d'industrie, de goût pour l'instruction, de mœurs douces et hospitalières, que lui présentait cette petite république ; et il finit par prendre la résolution de s'y fixer jusqu'au moment où l'état de sa patrie lui permettrait d'y rentrer, et d'y retrouver une carrière honorable. Mais le bonheur qu'il goûta dans la société de quelques magistrats éclairés, dont il avait acquis l'estime, et les liens d'amitié qu'il forma avec la famille du sénateur Rodde, l'attachèrent tellement à ce séjour, qu'il ne le quitta plus que pour accompagner cette famille dans les voyages qu'elle entreprit en France et en Allemagne, pour des motifs de santé ou des devoirs, imposés à M. de Rodde par sa ville natale. » Souvent aussi, il se rendait à Gœttingue avec M.$^{me}$ de Rodde, attirée dans cette ville par les soins qu'elle aimait de rendre à ses parents.

Les douceurs d'une vie intime ayant ramené Villers aux études littéraires, que les orages de la révolution lui avaient fait suspendre, il écrivit ses *Lettres westphaliennes*, où, dans une prose élégante, mêlée de vers, se trouvent exposés avec clarté les principes de la philosophie critique, ainsi que le tableau du sol intellectuel et matériel de la Westphalie (1).

---

(1) *Lettres westphaliennes sur plusieurs sujets de philosophie, de littérature et d'histoire, et contenant la description pittoresque d'une partie de la Westphalie*. Sans nom d'auteur. Berlin. 1797. In-8.°

Au mois de janvier 1797, notre auteur devint, avec plusieurs émigrés français (Rivarol, de Mesmond, de Chênedollé, de Pradt, de Jaubert, etc.), tous distingués par leurs connaissances variées et leur esprit, l'un des principaux rédacteurs du *Spectateur du Nord*. Ce journal mensuel, à la fois politique et littéraire, répandit un vif éclat dès son apparition, et les articles qu'y inséra Villers, au nombre de plus de soixante, contribuèrent beaucoup à sa renommée (1). Il composait, dans le même moment, une

---

(1) Voici le titre de ces articles : *Lettre sur le roman intitulé Justine, ou les Malheurs de la Vertu.* 1797, décembre, t. IV, p. 407. — *Langue allemande. Sur le genre donné, dans cette langue, au Soleil et à la Lune.* 1798, t. V, p. 189. — *Géographie. Description de la Volhynie*, V, p. 207. — *Philosophie de Kant.* V, 335. — *L'Ombre du vieux Brutus.* V, 408. — *Vues de Kant sur la manière dont devrait être écrite l'Histoire universelle* (1). VI, 1.— *De la Pasigraphie.* VI, 167. — *Idées sur la destination des Gens de lettres émigrés.* VII, 7.—*Dialogue entre Cromwell et Robespierre.* VII, 76. — *Sur la Bibliothèque d'Alexandrie et son prétendu brûlement par les Sarrasins.* VII, 333. — *Observations sur le Commerce de l'Inde par la mer Rouge.* VII, 392. — *Voyage de La Peyrouse.* VIII, 46.— *Titus.* VIII, 79. — *Coup d'œil sur les derniers Evènements.* VIII, 137. — *Voyage de La Peyrouse.* VIII, 203.— *Observations tirées de M. Niebuhr sur l'Expédition des Français en Égypte.* VIII, 232. — *Voyage de La Peyrouse.* VIII, 378. — *L'Observateur.* VIII, 424. — *Chronologie. Quand commencera le XIX.$^e$ siècle ?* 1799. IX, 4. — *Examen du Discours sur la Littérature par M. de Boufflers.* IX, 32. — *Voyages et Découvertes dans l'intérieur de l'Afrique. Extrait.* IX, 198. — *Société royale des Sciences de Gœttingue.* IX, 238. — *Administration de Pologne. Ordonnance de S. M. le roi de Prusse.* IX, 247. — *Annales astronomiques.* IX, 252. — *Histoire de la Révolution de Danemarck, traduite de Spittler.* IX, 382. — *Ephémérides géographiques, publiées par M. de Zach.* IX, 388. — *Critique de la Raison pure.* X, 1. —

---

(1) Cette notice a été reproduite par François de Neufchâteau dans le *Conservateur*. Il en a été de même d'un article de Villers sur l'*État de la Métaphysique en Allemagne*, antérieurement à *Kant*, etc.

*Relation abrégée du Voyage de La Peyrouse* (1), traduisait la *Philosophie de Kant*, et entretenait une correspon-

---

*Voyage dans l'intérieur de l'Afrique.* X, 54. *Nécrologie. Lichtenberg.* X, 231. — *Relation abrégée du Voyage de La Peyrouse.* X, 237. — *Origine de la Balantine ou du Ridicule.* X, 327. — *Ode d'Anacréon, traduite.* X, 343. — *Ode d'Horace, traduite.* X, 344. — *Diogène et le Mendiant.* X, 346. — *Métaphysicien accusé d'athéisme.* X. 385. — *Vers sur l'Arrivée de l'abbé Delille en Angleterre.* XI, 93. — *Lettre sur le Théâtre français de Hambourg.* XI, 264. — *Anecdotes caractéristiques sur M. de Souwaroff.* XI, 310. — *Abbadonna, épisode du Messie.* XI, 324. — *Académies. Prix proposés. Société royale de Gœttingue.* XI, 411. — *Considérations sur l'état actuel de la Littérature allemande, par un Français*, XII, 1. — *Essai sur les Antiquités du Nord. Extrait.* XII, 90. — *Sur le Linge des Anciens.* XII, 174. — *Sur le livre intitulé : Voyage de Pythagore.* XII, 184. — *Sur la Littérature allemande.* XII, 238. — *Imposture littéraire très-remarquable.* XII, 370. — *Sur l'Iphigénie en Tauride de M. Gœthe.* XII, 382. — *Rétractation littéraire.* — *Sur les Manuscrits enlevés par les Français à la Bibliothèque du Vatican.* XII, 429. — *Analyse de la Beauté.* XIII, 3. — *L'Amour et l'Amitié. Dialogue.* XIII, 34. — *Anecdote française.* XIII, 40. — *L'Artiste et la Villageoise. Idylle.* XIII, 80. — *Littérature française. Nécrologie.* XIII, 84. — *Sur la nouvelle Constitution française.* XIII, 114. — *Récapitulation des derniers Évènements.* XIII, 124. — *Imitation de la 16.ᵉ Ode d'Anacréon. Imitation de l'Ode XV.ᵉ du 1.ᵉʳ livre d'Horace.* — *Traduction d'une Épigramme de l'Anthologie.* XIII, 170. — *Ode de M. Voss.* XIII, 196. — *Cours de Littérature de M. La Harpe.* 1.ᵉʳ *Extrait.* XIII, 210. — *Tableaux remarquables.* — *Étymologie de Mauquet.* — *Robespierre plaidant pour les sciences.* — *Explication sur un article du dernier cahier, Projet ancien sur l'Égypte.* XIII, 246. — *Cours de Littérature par La Harpe.* 2.ᵉ *Extrait.* XIII, 360. — *Sur l'Art des Acteurs tragiques français, par M. de Humboldt.* XIII, 580. — *Traduction de Mahomet, par M. de Gœthe*, XIII, 409. — *Sur les Langues française et allemande.* XIV, 19. — *Alphabet raisonné du Français.* XIV, 50. — *Réponse à une Critique.* XVI, 331. — *Figures d'Homère d'après l'antique.* XVI, 367. — *Sur la Galerie de Soder.* XVI, 382.

(1) *Relation abrégée du Voyage de La Peyrouse, pour faire suite à l'abrégé de l'Histoire générale des Voyages de La Harpe* (sans nom d'auteur). Leipsick, 1800. In-8.º

dance des plus actives avec la plupart des illustrations européennes.

Appelé en France pour les intérêts de sa gloire ; désireux de répondre aux sollicitations pressantes de madame de Staël, de Cuvier, et de plusieurs autres personnages haut placés, mais ne pouvant quitter la famille bien-aimée au sein de laquelle il vivait, Villers obtint de M. et de M.$^{me}$ de Rodde qu'ils l'accompagneraient à Paris.

Parti de Lubeck au mois d'avril 1801, il ne toucha pas sans une vive émotion le sol de sa patrie, qu'une convulsion sans exemple avait ébranlée. La voyant calme et heureuse, il interrogea ses souvenirs pour se la représenter telle qu'elle pouvait être aux jours d'orage, lorsqu'un arrêt de mort le poursuivait au-delà des frontières. Il redemanda ses anciens amis ; mais les uns avaient péri sous la hache révolutionnaire ; les autres, après avoir servi plusieurs idoles, traînaient en esclaves le char du vainqueur de l'Italie ; bien peu étaient demeurés fidèles à leurs croyances monarchiques ou républicaines.

Notre illustre compatriote arrivait à Paris dans un moment où le protestantisme, grandissant au milieu des ruines de l'église catholique, héritier des principes théo-philanthropiques de la convention, espérait servir de lien transitoire entre les doctrines républicaines et les formes vieillies du christianisme. Le premier consul lui-même semblait indécis dans le choix des nouvelles formes religieuses, et Cuvier, Benjamin Constant, M.$^{me}$ de Staël, formaient le foyer d'impulsion duquel partaient les efforts combinés du parti protestant.

On conçoit dès lors quelles caresses furent prodiguées à Villers, pour que sa plume élégante popularisât, non pas les dogmes de Luther, car il s'y serait formellement refusé, mais cette philosophie à la fois sceptique et rêveuse, qui n'admet la *révélation*, la *tradition*, qu'autant qu'elles s'encadrent dans les formes adoptées par l'opposition religieuse des sectes ultra-rhénanes. On demandait à Villers du *théisme pur*, des principes de morale universelle basés sur le raisonnement, et il répondait aux exigences du triumvirat parisien (car on peut bien compter M.^me de Staël pour un homme) en annonçant la publication prochaine de son ouvrage sur le kantisme. *Faites mieux, mon cher ami*, lui dit un soir Cuvier, dans un de ces petits soupers charmants dont l'esprit du grand naturaliste assaisonnait tous les mets, *travaillez à faire connaître Luther en France; envisagez sous un point de vue général l'influence philosophique de cette haute intelligence; présentez-la telle que je la conçois, comme la source féconde d'une révolution tout entière dans les idées, les mœurs, la langue, la philosophie; comme une barrière aux envahissements du clergé, une sauve-garde pour les peuples, une formule d'opposition à la fois politique, religieuse et littéraire.... Pour donner plus d'éclat, plus de retentissement dans le monde à cette analyse, je tâcherai que l'académie française la mette au concours, et je ne doute pas que vous ne vous montriez digne de la couronne.* M.^me de Staël appuya cette idée; Benjamin Constant promit à Villers quelques notes, et le célèbre concours, qui devait s'ouvrir l'année suivante, fut arrêté de la sorte, à huis clos, en petit comité.

Dès que Villers eut terminé ses affaires dans la capitale, il se hâta de venir à Metz, de revoir les lieux témoins de son enfance, la famille du sein de laquelle des circonstances imprévues l'avaient contraint de s'arracher; et, comme s'il eût voulu rendre un public hommage de ses travaux à la province qui lui avait donné le jour, il fit paraître à Metz son exposé de la *Philosophie de Kant* (1).

L'idée seule d'un semblable ouvrage prouverait beaucoup en faveur de celui qui l'aurait conçue ; aussi son exécution est-elle pour Villers un des plus beaux titres à la gloire. Il le dédia *à l'Institut national de France, tribunal investi d'une magistrature suprême dans l'empire des sciences, juge naturel et en premier ressort de toute doctrine nouvelle offerte à la nation.*

L'auteur, après avoir posé en principe, dans sa préface, que l'esprit humain semble éprouver, à de longs intervalles, le besoin de changer sa direction et de s'ouvrir une route nouvelle, désigne la *chimie* et la *philosophie transcendantale* comme les deux tendances majeures de notre âge, et place *Kant* (2) à côté de *Lavoisier*. Kant, qui fut à la fois mathématicien, astronome, chimiste, physicien, naturaliste, physiologiste, historien et littérateur, s'est élevé d'efforts en efforts, de découvertes en découvertes, jusqu'à sa *Critique de la Raison pure* (3), livre nouveau qui renverse, selon Villers du moins, les métaphysiques antérieures à la sienne. La *Critique de la Raison pratique* (4) et la *Cri-*

---

(1) *Philosophie de Kant, ou Principes fondamentaux de la Philosophie transcendantale.* Par Charles Villers, de la société royale des sciences de Gœttingue. Metz. Collignon. 1801 (an ix). In-8.º de LXVIII, 441 pages. L'ouvrage porte pour épigraphe :

Παντων χρηματων μετρον ανθρωποσ.
*Protag. ap. Platon.*

(2) Kant est né à Kœnigsberg, le 22 avril 1724 ; mort dans cette ville le 12 février 1804, il fut enterré le 28 avec la plus grande pompe. Son cercueil portait cette inscription : *Cineres mortales immortalis Kantii.*

Villers a publié dans les *Archives littéraires de l'Europe*, 1804, t. I.er, p. 589-597, une *Notice sur Emmanuel Kant.*

(3) Publiée en 1781.
(4) Publiée en 1788.

*tique du Jugement* (1) complètent, avec plusieurs autres opuscules, les doctrines du philosophe de Kœnigsberg, doctrines sérieuses. qui apparurent avec celles de Jacobi, au milieu du cliquetis superficiel des idées encyclopédistes et françaises, *comme deux colonnes de granit taillées par le ciseau grec*, surgissant des décombres scientifiques, des débris oubliés de Descartes, Leibnitz et Wolf. Kant eut ses adversaires comme Tycho-Brahé, Copernic, Harvey, Linné, etc.; mais il eut aussi d'illustres soutiens, parmi lesquels figurent les trois plus beaux génies de l'Allemagne, Gœthe, Schiller et Humboldt. C'est à discuter les principaux points de critique soulevés contre son maître, à tracer son existence intellectuelle, à le faire voir grandissant en Europe, lorsqu'on le connaît à peine en France, que Villers s'attache dans son avant-propos. « La marche de l'intelligence, dit-il, dans l'établissement même des grandes erreurs métaphysiques, est toujours digne d'être suivie et étudiée. Mais il semble qu'il y ait une distance infranchissable de l'esprit français à l'esprit allemand ; ils sont placés sur deux sommets entre lesquels il y a un abîme. C'est sur cet abîme que j'ai entrepris de jeter un pont. L'évènement nous prouvera si l'envie d'y passer prendra à un grand nombre ; s'il y a vraiment une philosophie *allemande* inconciliable avec une philosophie *française*, ainsi qu'on l'a voulu insinuer ; si la philosophie et la vérité ne sont pas citoyennes du monde, et n'appartiennent pas à tous les hommes. »

L'ouvrage de notre compatriote est moins une *exposition* complète *du kantisme*, qu'une *introduction à l'étude de la philosophie critique*. Il avait même d'abord choisi ce dernier titre ; *mais venant à réfléchir que la plupart*

---

(1) Publiée en 1790.

*des lecteurs français se soucient assez peu d'introduction et encore moins d'étude*, il adopta, *pour ne pas les rebuter, un titre qui annonçât un résultat plus positif et plus attrayant.* Il fit mieux encore : au lieu de partir du point de vue fort avancé de Kant lui-même, qui raisonne en supposant les doctrines de Leibnitz et de Wolf connues de ses lecteurs, il prend pour base la philosophie régnante en France, et marche ainsi par des voies nouvelles vers un but dont l'insouciance et la légèreté nationales semblent devoir lui interdire tout accès.

Quelle tâche, dit M. Stapfer, que celle de façonner à l'expression d'idées et de procédés d'une abstraction inconnue aux philosophes français un langage qui, depuis plus d'un siècle, n'avait été employé qu'à l'exposition de doctrines matérialistes, plus ou moins déguisées! Il s'agissait de prouver que Kant est le Newton de l'homme moral ; qu'aux yeux du philosophe, il a mis sa conscience irrévocablement hors des atteintes du raisonnement, en établissant que cette conscience est la seule des réalités que l'homme puisse saisir ; qu'elle n'est point subordonnée aux opérations de ses facultés intellectuelles ; qu'elle est à jamais affranchie de toute apparence de mécanisme, de causalité, de soumission aux lois physiques. A cet effet, il fallait montrer avec clarté que la connaissance que l'homme prend des choses, n'est valable pour ces choses qu'autant qu'elles apparaissent à l'homme, et que toute application de son savoir aux choses, telles qu'elles sont en elles-mêmes, lui est interdite. Pour répandre la lumière sur des matières si abstruses, Villers emprunta à son ami Gerstenberg une comparaison tirée de la catoptrique ; il supposa un objet placé successivement devant un miroir plan, conique, concave, sphérique, et d'autres miroirs recevant de cet objet unique des images totalement dissemblables, parce que le mode propre à chacun d'eux de recevoir l'image varie essentiellement. Ayant, de cette manière, fait pressentir que l'image n'est pas uniquement produite par la chose représentée; qu'il faut encore, pour sa production, le concours des dispositions inhérentes au miroir, il facilita singulièrement l'intelligence des principes fondamentaux de la philosophie qu'il avait entrepris d'expliquer en français. Il fit ainsi concevoir, aussi nettement que possible, la nature des formes inhérentes à notre organe *cognitif*; il fit sentir que ces formes, c'est-à-dire, l'espace, le temps, les notions d'unité, de totalité, de substance, de cause et d'effet, d'action et de réaction, qui constituent à nos yeux le mécanisme du monde visible, ne sont, suivant la théorie de Kant, nullement les lois et les formes des choses en elles-mêmes, et il parvint à mettre la doctrine du transcendantalisme à la portée des esprits les moins habitués à suivre des raisonnements métaphysiques. On comprit ce que les disciples de cette philosophie entendaient par formes *à priori*, et comment, dans leur point de vue, il était impossible de soutenir que tout est matière, puisque la matière, ou l'étendue, n'est qu'un produit tout à fait idéal du mode de recevoir des sensations, un jeu de notre propre organisation intellectuelle; on apprit à quel titre les kantiens célébraient le triomphe de leur maître sur les doctrines du matérialisme et de l'athéisme, et pourquoi, selon eux, il ne pouvait plus désormais y avoir d'arguments ni d'appui pour ces systèmes funestes à la dignité de l'homme. Nous regrettons, avec M. Stapfer, que l'auteur, dans sa lumineuse analyse, ait réservé un si petit espace à l'exposé de la partie morale de la philosophie critique, qu'il se soit abandonné à une réfutation trop peu mesurée des principes de Condillac et de ses adhérents, et qu'il ait accordé au *transcendantalisme* une importance exagérée dans la marche encyclopédique des connaissances humaines.

Villers ayant laissé des *notes*, des *commentaires* et des *corrections* pour servir à la réimpression de cet ouvrage, M. Stourm, son beau-frère, avait eu le projet, après sa mort, d'en donner une seconde édition. Il s'était même entendu pour cela avec Barba ; mais il lui fut impossible d'obtenir des héritiers de Villers les manuscrits qui lui étaient indispensables. Les amis des lettres et de la philosophie attendent encore la réapparition d'une analyse transcendantale devenue tellement rare et tellement recherchée, qu'elle se vend de 18 à 24 fr. dans le commerce de la librairie.

Il serait utile de joindre à une nouvelle édition de ce résumé philosophique différentes brochures de Villers sur le même sujet, ainsi que plusieurs articles insérés par lui dans les feuilles à la rédaction desquelles il eut part, telles que le *Spectateur du Nord*, le *Publiciste*, le *Morgenblatt*, les Gazettes littéraires de *Gœttingue*, de *Halle* et de *Iéna*, le *Moniteur westphalien*, l'*Europe littéraire*. Tous ces écrits sont marqués au coin d'une saine philosophie, et du noble désir d'améliorer la condition morale des hommes.

Les doctrines transcendantales, je dirais même souvent nébuleuses de Kant, ne pouvaient obtenir grand crédit chez une nation que le moindre effort d'intelligence effraie, qui sent très-bien les choses, mais qui s'inquiète peu du mécanisme de ses idées. Les hommes sérieux négligèrent un livre condamné d'avance ; les gens frivoles le poursuivirent de leurs quolibets, et ceux qui l'achetèrent avec l'intention de l'étudier d'une manière consciencieuse, attendirent pour rompre des lances en sa faveur, que les doctrines allemandes eussent acquis, par bénéfice d'âge, le droit de se faire écouter. Je me rappelle, à propos du livre de Villers, que mon savant ami, l'intendant Ponçot, se trouvant à table, à Paris, près de l'illustre physiologiste Chaussier, il fut question de philosophie, de Villers, de Kant, etc. Chacun se récria sur la fausse direction que ces hommes de génie donnaient à leur intelligence. *Messieurs*, dit M. Ponçot, *je viens cependant d'acheter un Kant sur le quai.— Bah !... et dans quel but ?... — Il faut bien avoir un Kant à soi* (*quant à soi*). On rit beaucoup du calembour, et Chaussier se tournant vers M. Ponçot, lui dit qu'il ne pouvait justifier son achat d'une manière plus spirituelle et plus solide (1)....

Ce fut peu après la publication de son essai sur le kantisme, que Villers analysa la doctrine de Gall (2).

---

(1) En 1803, Francesco Soave, professeur de philosophie au lycée national de Modène, publia un extrait de l'ouvrage de Villers sur la philosophie de Kant, qu'il tourna en ridicule. Cette brochure a pour titre : *La filosofia di Kant esposta ed esaminata da Francesco Soave*. Soave prétend que si l'on demandait à Kant quelles sont les sensations qui font naître en nous l'idée de l'espace *à priori*, et comment ces sensations se forment, il ne pourrait faire que la réponse suivante :

« La sensation est un je ne sais quoi, qui vient de je ne sais où, qui pénètre en moi je ne sais comment. Mais à peine logée au-dedans de moi-même, je la revêts je ne sais de quelle manière, de je ne sais quelle forme qui auparavant existait en moi, de je ne sais quelle façon, et que j'appelle *espace*; puis étant ainsi revêtue, je la transporte hors de moi par je ne sais quelle force, et j'y fais naître, par je ne sais quel procédé, la représentation de je ne sais quelle chose que j'appelle *objet extérieur.* »

(2) *Lettre de Charles Villers à Georges Cuvier, de l'Institut national de France, sur une nouvelle théorie du Cerveau, par le docteur Gall: ce viscère étant considéré comme l'organe immédiat des facultés morales.*

Metz, chez Collignon, imprimeur-libraire. An X (1802).

In-8.º 84 pages, 2 planches gravées, représentant le crâne vu par-dessous, en face, en profil et par-dessus.

« Licet anima sit juncta toti corpori, in illo tamen est quædam pars, in quâ exercet suas functiones specialiùs. »
DESCARTES. *Pass. Anim.* 151.

Cet ouvrage, revue superficielle et pleine d'esprit du système phrénologique, est le premier écrit français qui ait été consacré à sa publicité. Villers l'adopte, et le trouve en harmonie parfaite avec les opinions psychologistes de Kant. S'il avait été anatomiste et physiologiste, il est probable qu'il eût traité Kant avec plus de sévérité, et que le docteur Gall lui eût semblé plus voisin du vrai, de l'expérience matérielle, bien qu'il se livre à des hypothèses inadmissibles en saine physiologie aussi bien qu'en saine morale.

« Quand à la fin de vendémiaire dernier, dit-il, je vous quittai pour venir faire encore quelque séjour parmi les lettres de la Germanie, observer leurs progrès, étudier leur esprit et m'enrichir de leurs travaux, je vous promis, mon cher Cuvier, de vous informer des productions littéraires les plus récentes de ce pays. J'arrive à peine, et n'ai pu encore me mettre au courant de tout ce qui s'est passé pendant mon absence. Plus tard, je remplirai de grand cœur la tâche que je me suis imposée. Vous êtes du très-petit nombre de ceux qui, sur la rive gauche du Rhin, rendent au moins une demi-justice aux gens de la rive droite. Vous avez lu et saisi sans effort ma *Philosophie de Kant*, laquelle m'a attiré tant d'injures et de pitoyables réfutations de la tourbe des critiques parisiens. Votre opinion, et celle de quelques hommes éclairés, m'ont consolé du petit malheur d'avoir été jugé de travers par ces messieurs : *Principibus placuisse viris non ultima laus est.* Et heureusement que leurs clameurs n'arrêteront pas le cours d'une réforme qui s'opérera tôt ou tard dans le règne de la pensée. » L'auteur jette ici un coup d'œil rapide sur les travaux scientifiques et littéraires les plus récents de l'Allemagne, et ajoute avec ironie : « Il vous revient sans doute là-bas peu de chose des progrès et des travaux de tous ces gens-ci. Cela est fort simple : ils cherchent plus à faire bien qu'à se faire valoir, et ils ne sont pas sur la montagne d'où l'on prêche aux nations. Mais, je vous le répète, ce n'est pas d'eux que je veux vous entretenir aujourd'hui. Il n'est question que du docteur Gall, etc. »

Après avoir émis avec abandon quelques idées critiques sur les prétentions trop exagérées de la France, Villers entre en matière, fait voir le fond sur lequel repose la doctrine de Gall, passe en revue les différentes hypothèses relatives au siège de l'âme, entre dans quelques considérations préliminaires sur le volume du cerveau chez les différents êtres, et indique ensuite les organes que Gall croyait avoir découverts.

« Voilà donc, s'écrie-t-il en terminant, cette théorie que la cour de Vienne a jugé à propos de frapper d'anathème, et de défendre d'enseigner, par la raison, portait l'ordre prohibitif, *qu'elle tend à établir le matérialisme!* En cela, le gouvernement autrichien, ombrageux à l'excès et libéral en censure, s'est montré assez mauvais métaphysicien, comme le sont presque tous les gouvernements........

« Au lieu d'avancer *que nous avons telle faculté et telle disposition, parce que nous avons tel organe*, il faut poser en principe *que nous avons tel organe, parce que nous avons telle faculté ou disposition;* en sorte que nos facultés ne procéderont pas de nos organes, mais bien nos organes de nos facultés ; ce qui est, sans contredit, le véritable point de vue de toute théorie psychologique de l'organisation. Nous ne sommes point vains parce que nous avons l'organe de l'orgueil très-copieux ; mais, au contraire, cet organe est copieux chez nous, parce que nous entretenons ce penchant de notre âme, et que nous le tenons en grande activité. Nul corps n'est vivant parce qu'il est organisé; mais bien organisé, parce qu'il est vivant. C'est au principe vital qu'appartient la priorité, et tout ce qui s'ensuit n'est que la manifestation de son efficace présence. Au reste, on sait trop peu jusqu'ici ce que c'est que les corps et la matière. Ce que nous appelons *corps* et *matière* est tout simplement la forme que nous donnons aux impressions reçues par nous des choses qui ne sont pas nous. Ces impressions sont évidemment des produits de forces actives, et dont la nature nous est cachée : ce qu'il y a seulement de bien certain, c'est que ces forces n'ont rien qui ressemble à ce que nous appelons corporel et matériel. Que ces forces inconnues soient de la même nature que ce que nous appelons *esprit*, et que le grand tout ne soit qu'une seule substance, ainsi que le prétendait Spinosa, c'est sur quoi, en bonne philosophie, l'on ne peut prononcer ; mais, du moins, ne serait-ce pas encore là tomber dans le matérialisme ; ce serait bien plutôt spiritualiser la matière. Il n'y a de vrais matérialistes que ces étourneaux de la philosophie, qui prennent pour argent comptant tout ce que leur livrent leurs sens, et qui, sans aller regarder derrière la toile du tableau, ou même sans soupçonner que c'est une toile, prennent pour de vrais paysages, pour des montagnes, des bois, des rivières, tout ce qui leur frappe la vue. La vraie réalité pour eux, c'est l'apparence, c'est ce qu'ils palpent et qu'ils voient ; et ils y croient fermement, parce qu'ils voient et palpent. La seule conclusion naturelle qu'ils en devraient tirer serait celle-ci : « Je palpe et je vois, donc je palpe et je vois. » Ces messieurs, au contraire, concluent bravement que, puisqu'ils palpent et qu'ils voient, il y a des objets hors d'eux, lesquels, par un singulier miracle, ressemblent à leur sentiment de palper et de voir. Ils ne s'aperçoivent pas que c'est la catégorie de *causalité*, dominante dans leur entendement, qui les entraîne à cette conclusion. La matière devient donc pour eux une réalité, et la seule des réalités. Donc, poursuivent-ils, le principe de leur vie est matériel ; donc celui de toutes choses est matériel. Si les matérialistes étaient conséquents, ils seraient tous athées ; mais s'ils étaient conséquents, seraient-ils matérialistes ?

« Grâce encore une fois pour ma démangeaison de métaphysique. Croyez à mon sincère attachement comme à ma haute estime pour vous.

Villers.

« Lubeck. Nivôse an X (janvier 1802) (1). »

En 1803, lorsque l'armée du général Mortier occupa le Hanovre, Villers, affligé des désastres auxquels la guerre exposait sa patrie d'adoption, écrivit une adresse aux officiers français (2), qui contribua à leur inspirer de l'intérêt pour un peuple essentiellement bon, hospitalier, et dont les qualités sociales méritaient plus de ménagements que n'en ont eu des vainqueurs qui s'autorisaient souvent des privilèges du triomphe, pour exercer avec impunité des actes que réprouvent la morale et le droit public des nations.

Il publiait dans le même moment la traduction des *Figures d'Homère*, de Tischebein (3), et terminait son *Essai sur l'Es-*

---

(1) Cette lettre a été traduite en allemand, avec des notes, par un disciple de Gall. Leipsick, 1803, in-8.°

(2) *Appel aux Officiers français de l'armée de Hanovre, qui peuvent et veulent mettre à profit le loisir de leur position.* Lubeck, 1803, in-8.° Traduit en allemand par F.-J.-L. Meyer. Hambourg, 1803, in-8.°, et une seconde fois à Hanovre, 1803, in-8.°

(3) *Figures d'Homère, dessinées d'après l'antique, par Henri-Guillaume Tischebein, avec les explications de Chrétien-Gottleb Heym, mises en français par Charles Villers.* Metz, Collignon. 1802 à 1806. Grand in-folio, papier nom de Jésus.

prit et *l'Influence de la Réformation de Luther*, en réponse à la question proposée par l'Institut le 15 germinal an X.

L'Institut avait sagement écarté de la discussion tout ce qui pouvait être relatif aux dogmes et aux idées religieuses des différentes communions, et Villers se tint dans les limites tracées par ses juges. L'établissement de la liberté des cultes, le progrès des lumières, l'impulsion donnée à l'instruction publique et populaire, l'étude de l'histoire et de la religion, les discussions philosophiques qui eurent lieu sur la politique ou la morale dans toutes les localités un peu considérables, le développement du commerce et de l'industrie, le système d'équilibre européen introduit par le traité de Westphalie, les notions justes acquises sur le droit public, la classification de la société par l'influence de l'intérêt religieux qui rapproche ou divise les peuples...., tous ces résultats et d'autres encore furent, d'après l'auteur couronné, l'effet de la révolution religieuse opérée au xvi.ᵉ siècle. Il traita toutes ces matières dans des chapitres séparés, et fit suivre son mémoire d'une *Histoire abrégée de l'Église, depuis J.-C. jusqu'à la réformation*, esquisse riche en faits, en tableaux rapides et brillants, et en vues fort élevées. Ce travail, couronné par l'Institut en 1804, eut un succès prodigieux ; les feuilles publiques en parlèrent avec éloge ; l'Europe se l'arracha comme un présent commun à toutes les nations civilisées (1). Sept ans après sa publication, en 1810, la commission des prix décennaux ayant à décider sur le *douzième*

---

« Ouvrage assez bien exécuté, dit Brunet ; il n'en a paru que six livraisons, qui coûtent 186 francs. » Trois de ces livraisons appartiennent à l'Iliade, et trois à l'Odyssée. L'ouvrage original allemand avait paru à Gœttingue, de 1801 à 1804, en six cahiers.

(1) Voici sous quel titre il a paru :
*Quelle a été l'influence de la réformation de Luther sur la situation po-*

*grand prix de première classe, destiné à l'auteur du meilleur ouvrage de littérature qui réunirait au plus haut degré la nouveauté des idées, le talent de la composition et l'élégance du style,* ne trouva que deux compositions historiques vraiment dignes de cette récompense nationale, l'*Examen critique des historiens d'Alexandre*, par Sainte-Croix, que la troisième classe de l'Institut venait de perdre, et le *mémoire* de Villers. Elle donna la préférence à l'ouvrage de Sainte-Croix, tout en déclarant que notre compatriote *avait jeté de nouvelles lumières sur une des révolutions les plus mémorables et les plus importantes de l'histoire moderne, dont il avait analysé les conséquences avec beaucoup plus d'étendue et de sagacité qu'on ne l'avait fait encore.* Cependant la commission lui reprocha *de ne pas tenir toujours la balance bien égale entre les deux doctrines dont il expose la lutte* (1).

---

litique des différents états de l'Europe et sur le progrès des lumières, etc.? Metz, Collignon, an XI, in-8.º — 2.ᵉ édition. Paris, an XII. 1804. In-8.º, an XVI, 467 p. — 3.ᵉ édition. 1808. In-8.º — Stéréotypé in-12 à Paris.

On a publié à part, mais à un petit nombre d'exemplaires, l'*Esquisse de l'Histoire de l'Église, depuis son fondateur jusqu'à la réformation.* Ut supr., 1804, in-8.º, 1 fr.

(1) Villers avait eu plusieurs illustres concurrents, au nombre desquels figuraient J.-J. Leuliette, professeur de belles-lettres, mort à Paris le 23 décembre 1808, et M. de Malleville. Les ouvrages de ces deux auteurs furent mentionnés honorablement. Celui de Leuliette a pour titre : *Discours qui a eu la mention honorable sur cette question proposée par l'Institut national: Quelle a été l'Influence de la Réformation de Luther sur les lumières et la situation politique des différents états de l'Europe?* Paris, 1808, in-8.º 2 fr. 50 c. — Le *Discours* de M. de Malleville parut en 1804 chez Lenormand, in-8.º

Voici comment s'exprimait la *Gazette générale de littérature d'Iéna*, relativement au livre de Villers :

« Honneur et gloire à l'Institut national de France, qui a proposé un tel sujet de prix ! Honneur et gloire à la classe qui, en 1804, a couronné un tel ouvrage ! C'est une chose bien heureuse ; c'est un signe éclatant de

Villers était arrivé à l'apogée de sa gloire. Son ouvrage, traduit dans toutes les langues, jouissait d'une vogue immense qu'aucun ouvrage sérieux n'avait obtenue depuis dix années (1). Les principales académies ouvrirent leurs portes à l'illustre lauréat; et le 27 thermidor 1804, la classe d'histoire et de littérature ancienne de l'Institut ayant à nommer trois correspondants, fit choix de Villers, du savant orientaliste Schnurrer, et du philologue sicilien Scrofani.

Peu après, Villers se rendit de nouveau à Paris, accompagné de madame de Rodde, et vint passer quelque temps à Metz, avec son aimable voyageuse qui ne le quittait presque jamais. Il était dans cette dernière ville à la fin d'octobre

---

l'esprit de tolérance qui règne aujourd'hui dans une nation catholique, de l'éclat des lumières dans ce pays, de la sagesse de son gouvernement, qu'un tel concours, et un tel suffrage, au sein de la première société savante de la France, d'une société composée en très-grande partie de catholiques. »

Le rédacteur pense qu'on pourrait rectifier, compléter ou modifier quelques détails de cet écrit, en portant dans son examen une scrupuleuse sévérité, mais c'est à l'ensemble qu'il s'attache, et il ne pense pas que, sous ce rapport, il existe encore en Allemagne un ouvrage aussi fécond en vues, aussi nourri de faits, aussi fortement pensé.

L.-M.-P. de Laverne publia une réfutation de l'ouvrage de Villers, sous le titre suivant :

*Lettre à M. Charles Villers relativement à son Essai sur l'Esprit et l'Influence de la Réformation de Luther.* 1804. Heinrichs et Levrault. 1 fr. 25 c.

En 1805, il parut un *Essai historique* sur la même question, par M. Ponce, de l'Athénée des Arts, etc. In-8.º de 120 pages. 1 fr. 80 c. Paris, Gide. On lit cet ouvrage avec intérêt.

(1) Il fut traduit en allemand par N.-P. Stampeel, avec une préface de J.-A. Rosenmüller, Leipsick, 1805, in-8.º; par K.-F. Cramer, avec une préface et des additions considérables par H.-P.-Kr. Henke, théologien célèbre de Helmstadt, Hambourg, 1805, in-8.º; cette seconde traduction est bien préférable à l'autre. Il parut aussi trois traductions anglaises : une fort abrégée, par G.-F.-H. Plieth, Nordhouse, 1805; une autre par

et au commencement de novembre 1804. Madame de Staël, la plus célèbre des femmes auteurs du xviii.ᵉ siècle, alors âgée de trente sept ans, prompte à s'enthousiasmer, et dont le cœur suivait de près les caprices de l'imagination, ayant eu plusieurs fois l'occasion de voir Villers, soit en Allemagne, soit à Paris, avait conçu pour lui un sentiment plus tendre que celui de l'estime ou de l'admiration. Jalouse de se l'attacher par des liens étroits, elle part de Paris, suivie de Benjamin Constant qui, depuis 1797, affectait de se montrer à sa suite, et de devenir l'écho de ses principes politiques; elle arrive à Metz, se fait présenter chez M. Stourm (1), où logeaient Villers et madame de Rodde, est accueillie par la famille Villers avec la distinction qu'une femme de son mérite devait imposer, et ne néglige aucune démarche pour provoquer une alliance que cette famille n'entrevoyait pas sans orgueil.

Villers et madame de Rodde avaient retrouvé dans nos murs un homme d'infiniment d'esprit, le comte de Jaubert, qui, les ayant connus pendant son émigration, conservait avec eux des rapports épistolaires très-suivis. M. de Jaubert devait à la famille de Rodde les moments les plus agréables dont il avait joui sur la terre d'exil, et à Villers presque tout ce qu'il valait comme savant et littérateur aimable (2). Tant que dura le séjour des illustres voyageurs, la maison de M. de Jaubert,

---

B. Lambert; une troisième par John Mill, Londres, 1803, in-8.°; une traduction en hollandais par le docteur H. Ervyk, Harlem, 1803, grand in-8.°; deux traductions en danois, dont une par M. Woldike, ministre du culte luthérien; une traduction en italien etc.

(1) M. Stourm, ancien procureur général de la cour impériale de Trèves, président de chambre à Metz, était devenu, par alliance, le beau-frère de Villers.

(2) Ce témoignage est souvent sorti de la bouche du comte de Jaubert.

comme celle de Socrate, ouverte à une société d'intimes, se transforma tantôt en une sorte d'académie où se posaient les habitués du logis, MM. Félice, d'Arros, Teissier, de Serre, Mittifiault, Despérez, etc.; tantôt en un cercle familier où les heures s'écoulaient dans d'aimables causeries pleines d'atticisme et de joyeux propos.

Plusieurs fêtes et des réunions solennelles eurent lieu dans la ville de Metz en l'honneur de madame de Staël. Comme l'empereur ne s'était pas encore officiellement brouillé avec la fille de Necker, le pouvoir ne craignit pas de l'encenser, et Colchen la reçut dans ses salons, ainsi que madame de Rodde et madame Anthoine, mariée depuis quelques années à un commissaire des guerres. On remarqua cette réunion de trois rivales, et l'embarras mal déguisé de Villers, surtout vis-à-vis de madame Anthoine qui, devenue veuve, et comptant sur les promesses matrimoniales de Villers, ne pouvait lui pardonner de ne les pas avoir tenues. Le dépit chez madame Anthoine se cachait sous les dehors d'une dignité froide et calme; l'amitié de madame de Rodde était inquiète, palpitante, égarée; l'amour de madame de Staël semblait enveloppé du manteau de l'estime, et se refléter dans une sympathie littéraire plutôt qu'émaner d'un cœur violemment épris. Ce fut à la préfecture que cette femme célèbre reçut de Villers le seul rendez-vous qu'il ait pu lui donner. Ils se virent le lendemain à la cathédrale : Villers sut lui faire entendre que des engagements sacrés, basés sur la reconnaissance, le liaient invariablement à la famille de Rodde; il l'assura qu'il n'en serait pas moins désormais son ami le plus dévoué, et, le lendemain, madame de Staël le quitta sans aigreur, mais non sans regret.

Elle partit de Metz accompagnée de Benjamin Constant, qui la conduisit jusqu'au Rhin. *Je commence à lire votre Richter,* écrivait-elle à Villers quelques jours après; *à travers mille niaiseries, il y a des mots charmants : mais je ne trouve pas moins l'extérieur allemand peu* esthétique; *ici les voix, les accents, les tournures m'annoncent déjà que la France disparaît. Vous disparaissez avec elle, vous qui faites le traité entre nos grâces et les qualités étrangères, aimable mélange dont je ne trouverai point le modèle au-delà du Rhin.*

Dans un de ses ouvrages, madame de Staël présente Charles Villers comme *un des hommes les plus aimables et les plus spirituels que puissent produire la France et l'Allemagne combinées.*

Villers alla passer à Paris le temps de la mauvaise saison. Il y cultiva l'amitié du naturaliste Cuvier, du statuaire Houdon, et des autres grands hommes qui tenaient alors le sceptre des sciences, de la littérature et des beaux-arts. Admis dans les cercles de la comtesse Fanny de Beauharnais, Villers y fut l'objet de mille attentions marquées; aussi écrivit-il plus tard à madame de Beauharnais :

*L'une des plus riantes images que j'avais emportées de Paris dans ma solitude, était celle de l'accueil plein de grâce et de bonté que vous aviez daigné m'y faire. J'en étais souvent occupé ; j'en entretenais souvent ma respectable compagne de voyage, qui de son côté n'y pensait jamais sans attendrissement et sans reconnaissance. Si nous désirions revoir Paris, c'était surtout pour y jouir encore, madame, de ce flatteur accueil, de la réunion si rare qui se trouve en vous de tous les talents, de l'esprit, avec la plus exquise bienveillance, et en jouir encore mieux cette seconde fois.*

En 1806, après la glorieuse bataille d'Iéna, Blucher, poursuivi sous les murs de Lubeck par l'armée du prince de Ponte-Corvo, ayant appelé le carnage et la mort jusque dans le paisible asile de citoyens inoffensifs, Villers exposa plusieurs fois sa vie pour sauver celle de ses amis. Voici comment il s'exprimait alors, en écrivant à la comtesse Fanny de Beauharnais :

« Je me rendis dans la maison de mon respectable ami M. le bourgmestre Rodde, attenante à celle où je demeure, et dont j'avais bien fait fermer la solide porte. M. Rodde était au sénat, lequel s'était constitué permanent. Madame Rodde et ses trois enfants étaient dans un grand effroi. Je les rassurai de mon mieux, les reléguai dans une chambre écartée ; et à l'aide des domestiques et de deux ouvriers qui se trouvaient là, je fis remplir d'eau de grands baquets placés dans le vestibule, avec tous les seaux de la maison, au cas que le feu prît quelque part. Bientôt la porte dite *du Bourg*, la plus voisine de la maison Rodde, fut forcée par le corps du maréchal prince Bernadotte. Prussiens et Français entrèrent pêle-mêle dans la ville. »

« Lorsque ces derniers furent tout à fait maîtres de Lubeck, les habitants rassurés se crurent hors de tout péril, et se félicitèrent d'être ainsi délivrés par les troupes d'une puissance protectrice. Ce sentiment devint général. Mais qu'il fut cruellement trompé ! Précisément alors commença dans tous les quartiers de la malheureuse ville une scène de pillage et de meurtre, qui changea bientôt cette confiance trop hâtive en consternation et en désespoir. Je ne partageais point l'illusion de mes hôtes. J'ai été moi-même assez longtemps soldat, pour savoir quel sort est réservé à une ville prise d'assaut. Une famille voisine éplorée qui vint frapper à coups redoublés à la porte de notre maison pour s'y réfugier dès le premier instant, nous apprit assez à quel traitement les autres devaient s'attendre. Outre le dommage qui en pouvait résulter pour la maison, si elle était forcée, je considérai surtout que madame Rodde et ses deux filles, dont la constitution nerveuse est irritable à l'excès, dont la sensibilité est portée à s'alarmer et à s'exalter vivement, ne supporteraient qu'avec peine la vue d'un tel esclandre et des violences qui l'accompagneraient. Mon parti était pris d'avance. Je jetai mon chapeau rond, en pris un retapé et muni de la cocarde nationale, et, mon ancien sabre d'aide-de-camp sous le bras, mon manteau bleu sur les épaules, je me postai à la grande porte de la maison, dont la belle apparence n'attirait que trop les regards cupides des troupes de pillards et de maraudeurs qui allaient par les rues, enfonçant portes et fenêtres, et pénétrant partout. J'eus le bonheur de les tenir tous écartés du seuil que j'avais résolu de défendre. Je repris avec eux la rudesse de mon ancien langage soldatesque ; et parlant d'un air naturel à chaque troupe qui se présentait, je disais aux uns que j'étais placé ici en *sauve-garde;* aux autres, que je faisais le logement d'un général qui allait arriver, et montrant des caissons qui passaient, je criais : « Voilà nos équipages qui arrivent ; faites place ! » — A d'autres je disais que c'était ici la *Municipalité*, et vingt défaites pareilles. Voilà ce dont quelques journaux ont parlé avec trop d'éloge. Tout cela était aisé, madame, à un Français animé de quelque zèle pour ses amis, qui savait prendre le ton convenable à l'instant, et qui restait calme. Je remercie la main d'en-haut qui m'a protégé en cet instant, et a fait réussir mes mesures. J'en fus quitte pour me colleter avec deux ou trois plus mutins, et qui voulaient entrer de force, pour un coup de crosse dans la hanche, et pour mon manteau, qui s'étant détaché de mes épaules dans la mêlée, me fut enlevé.

« Cependant la nuit approchait, et avec elle le désordre devait encore s'accroître. Les trois maréchaux s'étaient mis à la poursuite de l'ennemi ; ils ne revinrent que tard en ville, vers neuf heures du soir. Dans l'intervalle, M. Rodde était rentré du sénat. Son retour fut une sensible consolation pour les siens, qu'il retrouva sains et saufs. S'il n'eût, par bonheur, été escorté pendant presque tout son chemin, il eût couru de grands dangers, car le tumulte était épouvantable. On arrêtait, on dépouillait, on maltraitait ceux qui osaient se montrer dans les rues. Un sénateur s'était réfugié peu auparavant dans l'hôtel du sénat, demi-nu, pâle, chargé de coups, dont il lui est resté un affaissement qui a nécessité sa retraite. Un messager du sénat, envoyé au dehors pour une commission, était tombé mort d'un coup de baïonnette. M. Rodde nous apprit qu'il avait offert sa maison pour y loger le prince de Ponte-Corvo. Cette nouvelle nous fut très-agréable. Madame Rodde s'occupa aussitôt avec ses femmes d'arranger son propre appartement pour y placer le prince, et des autres préparatifs. Quelque temps après, arrivèrent partie des équipages et la suite du maréchal. Une garde fut bientôt placée à la porte de la maison, et me releva ainsi de mon poste. Enfin, le maréchal lui-même parut, exténué des fatigues de cette journée et des précédentes, tenant à la main son épée, qu'il venait d'employer à sauver sur son chemin plusieurs maisons du pillage. Il avait mis pied à terre à l'hôtel-de-ville, et deux membres du sénat l'avaient accompagné de là jusqu'à son logement. Nous le reçumes tous dans le vestibule, comme un libérateur. « Madame, dit-il à madame Rodde d'un ton ému et affectueux, en lui présentant la main pour monter, je ne viens pas ici pour vous faire du bien, mais le moins de mal que je pourrai. » — Peu après, on lui annonça qu'il était servi. Il nous fit inviter, M. Rodde, son épouse et moi, à nous mettre à table avec lui, ce qui eut lieu tous les jours jusqu'à son départ, le 22 du mois. En mon particulier, il me témoigna infiniment de bienveillance et de bonté. J'eus assez d'occasions, par la suite, de connaître toute la noblesse et l'élévation de son âme. Il a fait naître pour lui dans la mienne une vénération et un dévouement qui ne s'y éteindront jamais, quelle que puisse être notre destinée à l'un et à l'autre. Je lui dois quelques-uns des plus beaux moments de ma vie, puisque la confiance dont il m'honora me mit à portée d'être de quelque utilité aux opérations de notre armée, et de rendre quelques services à cette bonne ville ; surtout, elle me fournit les moyens d'épargner à plusieurs Français des actions dont ils auraient peut-être rougi le lendemain. Il permit que je portasse le titre de son *secrétaire*, et que je fisse valoir son autorité pour arrêter où je pourrais des violences. Certes, ces armes bienfaisantes me furent d'un grand usage. La nuit du 6 au 7, comme plusieurs de celles qui la suivirent, ne m'offrit plus un moment de repos ni de sommeil. Dès qu'il fut connu que le maréchal Bernadotte logeait chez M. Rodde, la porte fut assiégée par une foule empressée de femmes en pleurs, d'hommes pâles et en désordre, qui invoquaient du secours. Je suivais au hasard les premiers qui m'entraînaient. Je n'avais ni assez d'oreilles, ni assez de voix pour toutes ces personnes, connues et inconnues, qui m'imploraient, qui me tiraient, qui me déchiraient les habits (et le cœur !) pour que j'allasse à leur aide. Quelle nuit ! La plupart des maisons ouvertes, remplies de flambeaux, de tumulte, d'allants et de venants ; quelques-unes fermées, d'où partaient des sons confus, et même le bruit de l'explosion d'armes à feu. Je marchais ainsi au milieu des larmes, des coups qui enfonçaient les portes, des cris de désespoir, des hurlements féroces, des vitres qui se précipitaient, des meubles qu'on fracassait ; au milieu de troupes à cheval et à pied qui se croisaient, des trains d'artillerie et des chariots, sur un pavé couvert d'une boue infecte, délayée de sang ; trébuchant dans les cadavres d'hommes et de chevaux dont les rues étaient jonchées, et sur lesquels je tombai une fois, ce qui me remplit d'une horreur inexprimable. Je me relevais, et cherchais à ressaisir mon chapeau parmi tant d'objets de dégoût, quand j'entendis venir du bout de la rue un régiment, qui s'avançait au son de sa musique. Cette musique militaire, fort brillante, jouait un air vif et gai. Je ne puis vous peindre, madame, l'impression foudroyante et tout à fait inattendue que fit sur moi cette musique. Le contraste déchirant, qui devait monter jusqu'au ciel, de ces accents de joie avec les lugubres éclats de la douleur sembla se concentrer tout entier dans mon être, et menacer de le dissoudre, comme on voit un verre frémir et se casser au son d'un cor. J'étais immobile, je ne voyais plus. Quand je revins à moi, je sentis mes yeux humides ; une de mes mains était engagée dans mes cheveux, qu'elle s'efforçait machinalement d'arracher ; je n'en pouvais plus, et il me fallut employer toutes mes forces pour ne pas retomber sur ce même pavé d'où je venais de me relever. En cet état, je pleurai abondamment, en m'écriant, sans savoir ce que je disais : « Oh ! ils font de la musique ! les cruels ! ils font de la musique ! » — Ce moment est, je crois, le plus horrible que j'aie éprouvé de ma vie. Vous m'en croirez, madame, vous qui savez sentir ; qui savez quelle est la sévère signification des larmes d'un homme qui ne pleure pas facilement. »

« Dès le 7, j'avais été invité à me rendre au sénat. Je ne pus y aller que le lendemain, de grand matin. Presque tous les hommes estimables qui le composent sont en particulier de mes amis. Ils connaissaient mon attachement sincère à leur ville, et ma bonne volonté. Je savais mieux qu'eux l'organisation d'une armée, et la manière de traiter avec des militaires. La langue, d'ailleurs, les embarrassait dans les communications verbales qui avaient lieu sans cesse. J'étais animé du plus pur désir de leur être utile, de leur payer la dette d'une longue hospitalité, et de les tirer, autant qu'il était en moi, de l'embarras où je les voyais.

Passager dans le navire au moment de la tempête, je crus devoir saisir la rame et la manœuvre pour aider à l'équipage. Je passai donc dès lors une bonne partie de mon temps à l'hôtel du sénat. Mais, madame, les petits gouvernements ont une faiblesse qu'il faut leur pardonner, puisqu'elle fait une partie de leur importance, c'est d'être singulièrement jaloux du secret sur toutes leurs opérations. De tout ce que j'ai pu faire, dire ou écrire dans cette enceinte mystérieuse, je ne vous révélerai donc rien. Il suffit de dire que la nature des choses et les bontés du prince Bernadotte m'y rendirent fréquemment l'intermédiaire entre lui et le sénat; que j'y donnai quelques conseils dont l'exécution, je pense, a été salutaire; d'autres qu'on a peut-être eu raison de rejeter, et d'autres qu'on aurait peut-être mieux fait de suivre. — Mais que vis-je en arrivant dans ce sénat, dans cette assemblée des pères de leur patrie, dont quelques-uns sont de vénérables vieillards, et tous des magistrats recommandables; dont le corps enfin forme un gouvernement reconnu dans l'Europe, traité avec faveur par notre auguste empereur, qui leur écrit, qui reçoit leurs envoyés, qui a un ministre accrédité près d'eux; qui par conséquent méritaient des égards et de la déférence ? — J'y vis jusqu'au sein de leur lieu d'assemblée, sur leurs sièges, dans leurs rangs, une foule impétueuse de gens de tout état, des valets, des voituriers, des goujats de l'armée, formant en tumulte des demandes arrogantes. J'y vis, par exemple, un cuisinier dire avec insulte à l'un des consuls, ou *bourgmestres*, qu'il lui fallait sur le champ *trente douzaines d'huîtres fraîches* pour son maître! J'avoue que je fus indigné et affligé de ce spectacle; j'en fis mes plaintes au prince, qui y envoya un officier supérieur avec l'ordre d'y rester, et d'y faire respecter le sénat. »

« Madame Rodde, aussi touchée que moi de tout ce qui

se passait, se chargea de présenter une lettre que j'écrivis au maréchal. Elle la lui remit, les yeux gros de pleurs, dès qu'il fut visible. Il ignorait en effet tous les désordres qui régnaient dans la ville, et laissa voir à madame Rodde combien il en était affecté et révolté. Le résultat de cette démarche fut un *ordre du jour* fort sévère pour le 1.<sup>er</sup> corps, et qui fut d'un effet salutaire. »

« Ceci se passait le samedi 8, au matin. J'allai vers midi présenter mes hommages à S. A. I. le grand-duc de Berg, qui logeait dans mon quartier, chez un homme fort estimable, M. Nonnen. Le prince me reçut avec cette grâce parfaite et cette affabilité que vous lui connaissez, madame. Ce favorable accueil m'enhardit à lui parler avec franchise. « Nous autres, gens de l'Institut, lui dis-je, nous nous croyons appelés à être les prêtres de la vérité, et à la faire parvenir jusqu'aux princes. » Je lui peignis là-dessus en peu de mots le malheur général, et le suppliai d'y mettre un terme. Le prince me témoigna la plus grande sensibilité sur ce qu'il entendait ; m'assura que ces rigueurs, suites inévitables de la guerre, lui étaient odieuses, et qu'il allait interposer son autorité pour les faire cesser. Je pris congé de lui, après qu'il eut daigné m'inviter à retourner le voir à Paris. »

Villers, dans cette lettre, peint avec l'énergie d'un cœur vivement ému toutes les scènes de désolation, toutes les horreurs qui se sont commises à Lubeck ; il fait à Blucher des reproches graves dont ce général prussien ne s'est point lavé ; il montre à quel degré d'abaissement et d'infortune est tombée une ville amie ; se plaint qu'on ait abusé du nom de l'empereur pour autoriser le pillage, le meurtre et l'incendie, et termine sa lettre de la manière suivante :

« Si Napoléon le Grand consent à réparer un malheur, à indemniser d'une perte, il faut que la réparation soit

4

grande, que l'indemnité soit digne de lui, de sa gloire, de sa grande âme. Il ne s'agit pas de peser et de compenser avec scrupule, il faut que le dédommagement surpasse le dommage ; il faut que la postérité qui regardera à cette place n'y aperçoive qu'un monceau de bienfaits, et qu'elle y reconnaisse l'instrument de la Providence, la main du plus glorieux des princes.....

« Et en effet, madame, à quel prix aspirent tous les grands hommes, toutes les âmes au-dessus du vulgaire ? A ce tribut d'admiration et d'estime que paie le genre humain à ses véritables bienfaiteurs, aux actions héroïques, vertueuses, à la clémence, à la justice, à la bonté. Cette voix de l'univers, ce jugement des siècles est ce qui les guide dans leurs travaux, ce qui les soutient dans leur pénible carrière, contre les fausses vues de l'esprit de parti, de l'envie, des passions qui s'arment contre eux. L'Histoire, cette muse inflexible qui grave en silence les annales des nations et de leurs chefs, fait l'office de rapporteur dans ce grand procès entre les hommes d'aujourd'hui et l'opinion de demain. Elle parlera du traitement cruel qu'a exercé sur une ville neutre et amie, sur une ville honorée de la bienveillance de l'empereur, une armée française, brave sans doute, et victorieuse, mais qui, par une telle erreur, a rendu moins beaux ses lauriers. Cette page de l'histoire, madame, sera sévère, terrible. — Mais on lira sur l'autre, j'ose le prédire, — que Napoléon le Grand, le Juste, le Magnanime, a guéri les plaies mortelles faites à un état paisible dont il n'avait point à se plaindre ; qu'il a excusé dans une brave armée un moment d'erreur, mais qu'il a relevé ce qu'un coup de foudre mal dirigé avait renversé ; qu'il a protégé les faibles, les opprimés, et qu'il s'est assuré par là les bénédictions de l'avenir.

« A qui appartiendrait mieux qu'à vous, madame, de faire

valoir d'aussi beaux motifs, et de devenir l'organe de la bienfaisance ? C'est un emploi auquel la nature vous avait destinée, en vous faisant aussi souverainement bonne, même avant que le cours des choses vous approchât des marches du plus puissant trône de la terre. Elle a placé sur vos lèvres l'éloquente persuasion, vous a prodigué les trésors de l'esprit, daignez employer tous ces dons à une médiation digne de vous. Votre auguste nièce, dont on ne prononce le nom qu'avec amour ; sa digne fille, la plus aimable des reines, ne vous refuseront pas leur intérêt pour une cause aussi juste. Et comment, avec de tels appuis, ne trouverait-elle pas accès dans le cœur de Napoléon ? »

« Pardonnez, madame, l'excessive longueur de cette lettre, et cette narration si détaillée d'une catastrophe assez remarquable, il est vrai, dans les fastes de notre âge ; unique peut-être dans ceux de tous les temps, par les circonstances dont elle fut accompagnée. Comme la reine de Carthage, vous l'avez voulu, et vous m'avez ordonné de renouveler ma douleur. Elle s'est adoucie en vous parlant. La certitude de la bonté avec laquelle vous daignez m'écouter, m'a encouragé à vous tout dire. Puissiez-vous ne pas refuser votre intercession à mes instances, et ajouter un titre de plus à tous ceux que déjà vous avez à notre admiration. — Quant à moi, madame, tiré quelques instants de ma solitude et de mes livres par ce terrible ébranlement ; engagé à reprendre, pour le temps de sa durée, la vie active que j'avais quittée depuis plus de dix années ; ayant acquis quelque expérience nouvelle et de la plus excessive dépravation, et de la plus haute noblesse du cœur humain, je vais reprendre la vie contemplative et isolée qu'exige mon genre d'études, et qui convient à mes goûts, sans autre ambition que de voir la paix, la religion épurée, la culture des lettres régner sur l'Europe ; sans autre désir que de conserver l'estime de mes amis, et du petit nombre d'êtres qui vous ressemblent.

« Je suis avec un respect et un dévouement sans bornes, madame, votre très-humble et très-obéissant serviteur,

VILLERS. »

*Lubeck, le* 25 *décembre* 1806. (1)

Cet opuscule écrit de verve, avec l'élan quelquefois désordonné d'une imagination vivement émue, ayant été mis sous les yeux de l'empereur, excita sa colère, et souleva des inimitiés puissantes qui poursuivirent jusqu'au tombeau notre courageux écrivain. Napoléon, mécontent de l'exposé de la *philosophie de Kant* et du mémoire *sur la réforme*, demanda de quel droit un idéologue allemand se mêlait de

---

(1) La lettre dont nous avons extrait les détails précités a pour titre : *Lettre à madame la comtesse Fanny de Beauharnais, contenant un récit des évènements qui se sont passés à Lubeck dans la journée du jeudi* 6 *novembre* 1806, *et les suivantes*.

Imprimée en très-petit nombre, et pour<br>tenir lieu de copie manuscrite.

In-4.° de 28 pages. L'exemplaire que nous avons sous les yeux porte, écrit de la main de Villers, ces mots : *A ne communiquer que par confiance, et avec la plus grande circonspection*.

Cette lettre fut précédée d'une brochure intitulée : *le Combat de Lubeck*. 1806, in-4.° avec une carte. — Villers avait aussi écrit à sa famille une lettre chaleureuse, pittoresque, mais trop emphatique pour ne pas être ridicule. On y trouve les phrases suivantes : *J'ai la tête, le cœur et les oreilles détraqués.... Les nerfs de madame de Rodde sont en danse ... Le prince de Ponte-Corvo est dans une telle admiration de mon courage, de mon dévouement, qu'il me fait mander à toute heure de la nuit pour conférer avec moi sur les moyens de sauver Lubeck, etc... Il m'est arrivé de courir chez le prince, en bonnet de nuit; il m'a reçu en savates : je lui ai parlé fortement et librement : voilà ce que c'est d'avoir un nom comme homme de lettres et d'être membre de l'Académie...*

La famille Villers se réunit à un ami pour répondre à cette lettre. On le fit avec beaucoup d'esprit. On s'apitoya principalement sur la malheureuse destinée de madame de Rodde, qu'on appela *la chère amie*.

lui donner des conseils ; qu'il le ferait conduire à Vilvorde s'il disait encore un mot ; que Lubeck avait injustement souffert, mais qu'il en serait de même chaque fois qu'un petit état voudrait conserver des droits de souveraineté, sans avoir la force de se faire respecter, etc ... Montalivet (1), Beugnot, l'évêque Grégoire, eurent beaucoup de peine à calmer la colère impériale. Ils y parvinrent cependant, mais la *Lettre* fut mise à l'index, et jamais Napoléon ne voulut consentir à ce que Villers devînt sénateur de Lubeck, ni commandant en chef de l'artillerie de cette ville, comme on le lui avait offert, en reconnaissance des services qu'il avait rendus.

Après s'être ainsi posé le défenseur des faibles contre le pouvoir aveugle, après avoir bravé la haine de ces despotes militaires qui voudraient effacer les droits des peuples avec la pointe de leur sabre, pour les plier au joug du despotisme, Villers rentra dans les conditions paisibles de la vie intime. Il revint même à Paris avec madame de Rodde, dès que Montalivet lui eut écrit que l'orage était apaisé, et passa plusieurs mois dans cette ville, cultivant l'amitié de Cuvier, Boissy-d'Anglas, Duvillard, Ginguené, Toulongeon, Emmery, Arsène Thiébaut, etc. Des réunions charmantes avaient lieu chez ces personnages distingués. Madame de Rodde y accompagnait Villers, qui dîna même avec elle et Bitaubé chez l'évêque Grégoire.

De retour en Allemagne, Villers traduisit l'*Essai* de Heeren *sur l'Influence des Croisades* (2) ; le *discours* pro-

---

(1) Le comte Bachasson de Montalivet, alors directeur général des ponts et chaussées, était un ami d'enfance de Villers. Ils se tutoyaient.

(2) *Essai sur l'Influence des Croisades*, traduit de l'allemand de A.-H.-L. Heeren, professeur de philosophie à Gœttingue ; in-8.º de 538 p. 1808. Traduction commencée en 1807, et présentée à l'Institut royal de France.

noncé par Henke à la fête anniversaire du couronnement de Napoléon (1) ; il fit ressortir avec adresse, dans son *Érotique comparée* (2), la spiritualité et la sensualité qui dominent dans les poésies amoureuses de l'Allemagne et de la France, et composa en même temps un *Mémoire* en réponse à cette question, proposée en 1807 par l'académie des sciences et belles-lettres de Dijon : *La nation française mérite-t-elle le reproche de légèreté que lui font les nations étrangères?*

Dans cette lettre, Villers, distinguant la légèreté de la frivolité et de l'inconstance, soutient que l'homme agit avec légèreté lorsqu'il se laisse entraîner par ses passions ou ses goûts vers un but, sans s'inquiéter si les moyens qui doivent l'en rapprocher sont conformes à la raison, à l'équité, aux lois éternelles du devoir, du juste et de l'injuste.

Rien ne pouvait ralentir le zèle de Villers pour les intérêts moraux et politiques de l'Allemagne. En 1808, le gouvernement westphalien ayant projeté des réformes dans l'enseignement des six universités échues en partage au roi Jérôme, les chefs de ces établissements scientifiques prirent l'alarme, et ne virent d'autre moyen de salut que dans la plume d'un homme capable d'apprécier un système d'institutions largement conçues, qui rendaient Gœttingue et les villes voisines l'Attique de la Germanie. Heyne et Heeren supplièrent notre compatriote de prendre la défense de l'université dont ils faisaient alors la gloire. Jean de Muller lui-même joignit ses instances aux leurs « Il s'agit de défendre *Pergame*, écrivait-il, le 6 mars 1808, à M. Heeren ;

---

(1) *Discours prononcé à la Fête anniversaire du Couronnement de Napoléon*, 2 décembre 1806, par *Henke;* traduit par Villers.

(2) *Érotique comparée, ou Essai sur la manière essentiellement différente dont les Poètes français et allemands traitent l'Amour.* 1807.

celui qui nous aidera à la sauver sera l'éternel objet de nos louanges. » Villers, quoique malade, n'hésita point à plaider en faveur des institutions menacées, et à servir les lettres en même temps que l'amitié. Peu de jours lui suffirent pour faire sortir des presses de l'imprimerie royale de Cassel un écrit ayant pour titre : *Coup d'œil sur les Universités et le mode d'Instruction publique de l'Allemagne protestante.* Cet ouvrage, dédié au roi, produisit l'effet qu'on en attendait ; il éclaira l'opinion, rectifia les idées anti-allemandes de la cour de Cassel, et sauva l'instruction publique du pressant danger dont elle était menacée (1).

L'année suivante, Villers, dans un rapport fait à l'Institut, jeta un *coup d'œil* rapide sur l'état de la littérature allemande (2). Cet écrit était destiné à faire apprécier par le public français la fécondité scientifique et littéraire de l'Allemagne. Villers nous montre ce peuple, en 1808, au moment de perdre sa nationalité, menacé dans son existence politique et morale, n'ayant plus d'autre recours qu'en la clémence du vainqueur, produire néanmoins, et lire, dans l'espace d'une année, plus de trois cents ouvrages sur des matières tout à fait étrangères aux nécessités du moment ; preuve irrécusable que, dans les provinces au-delà du Rhin, l'arbre intellectuel a des racines profondes qui résistent aux orages, et que la sève dont il est doué peut produire

---

(1) *Coup d'œil sur les Universités et le mode d'Instruction publique de l'Allemagne protestante.* Cassel, imprimerie royale. Brochure in-8.º de 110 pages, dédiée à Jérôme, roi de Westphalie. Elle contient un tableau schématique représentant deux cent quatre cours publics et particuliers d'une université allemande, pendant un seul semestre.

(2) *Coup d'œil sur l'état de la Littérature ancienne et de l'Histoire en Allemagne ; rapport fait à la troisième classe de l'Institut de France.* Amsterdam et Paris, 1809, in-8.º de 155 pages.

une exubérance de vitalité qui consolera l'avenir des obstacles que la civilisation a éprouvés dans sa marche à travers les siècles de barbarie, de fanatisme et de conquêtes, car ces trois états sont liés l'un à l'autre.

Vers la même époque, Villers, abordant l'arène de la haute politique, s'est élevé, avec le langage énergique d'un homme convaincu de la justice de sa cause, contre le système continental de Napoléon (1). Il défendit les droits du commerce et les intérêts de la civilisation ; et comme si la nature, en lui imprimant le génie dont il était doué, lui eût confié l'honorable mission de protéger les peuples contre l'ambition sans cesse envahissante de la puissance, il proclama des vérités méconnues, des principes foulés aux pieds; il jeta dans la voie progressive des améliorations sociales ces semences fécondes qui, négligées pour un temps, finissent toujours par germer et porter leur fruit ; il fit voir, dans l'établissement d'un grand empire, le retour au funeste système d'après lequel les peuples, parqués comme des esclaves, deviennent les instruments passifs de l'ambition démesurée d'un seul homme ; et, dans différents ouvrages, il considéra l'anéantissement des petites principautés allemandes comme un crime de lèse-humanité, comme l'extinction d'un foyer moral. Mais alors, que pouvaient les plaintes d'un écrivain philosophe, qui n'avait pour lui que la justice et la raison ? L'humanité, colosse aux pieds d'argile, s'était affaissée sous le poids de l'aigle impériale de France. Elle attendait, pour se relever, que la coupe d'amertume dont elle était abreuvée

---

(1) *Doléances des Peuples du continent, au sujet de l'interruption du commerce*, traduit de Reimarus. Cet ouvrage a été également publié avec le titre suivant, ce qui est cause que plusieurs bibliographes en ont fait deux livres distincts : *Le Commerce, par J.-A.-H. Reimarus*, professeur de physique à Hambourg. Amsterdam et Paris, 1808, petit in-8.°

eût coulé à pleins bords, et que la liberté lui eût ménagé une émancipation nouvelle et définitive.

La destruction de l'indépendance des villes anséatiques où Villers avait trouvé une seconde patrie, et reçu tant de preuves d'affection et d'estime publique (Brême venait de lui conférer le droit de bourgeoisie), ne pouvait manquer de faire sur lui une impression douloureuse ; sa santé en fut altérée : d'autres chagrins s'étant joints bientôt à ce deuil patriotique, elle alla désormais en déclinant, et l'on peut même dire qu'il ne la recouvra jamais complètement. Depuis lors, aucun ouvrage de haute portée n'est sorti de sa plume.

Cependant, comme il ne se pouvait guère qu'une imagination aussi riche demeurât sans produire, il mit au jour, entre 1809 et 1811, un *Catéchisme de morale* (1), écrit avec autant de grâce que de clarté ; un *Précis historique sur Martin Luther* (2) ; un travail *sur les villes anséatiques* (3). Ce fut à la même époque qu'il composa l'*introduction* de l'ouvrage de M.<sup>me</sup> de Staël *sur l'Allemagne* ; l'*avant-propos* et les *notes* de la traduction du *Walstein* de Schiller, par Benjamin Constant.

---

(1) *Kleiner Volks Catechismus, oder Lehren des Edlen und Guten, für Linder. In 6 gesprächen.*
*Petit Catéchisme préparatoire, ou Doctrine du Noble et du Bon, pour la Jeunesse. En six entretiens*, avec cette épigraphe tirée d'une exhortation du comte de Stolberg à ses enfants :

« Toute la valeur de l'homme dépend de cette alternative : aspire-t-il à s'unir par l'amour à l'amour divin, ou se replie-t-il tellement sur son *moi*, que, dans tout ce qui l'attire et lui plaît, il ne cherche que les moyens d'une jouissance personnelle plus ou moins fine ou grossière ? »

(2) *Précis historique de la Vie de Martin Luther*, traduit du latin de Melanchton, avec des notes, 1810. (Almanach des Protestants.)

(3) *Constitutions des Villes anséatiques* (Brême, Lubeck et Hambourg), suivies de considérations pleines d'esprit et de sagacité sur le rang qu'elles occupent dans la civilisation européenne.

La chute de la maison de commerce de M. Rodde, et la dureté avec laquelle les créanciers faisaient valoir une ancienne loi d'autorité problématique, pour s'emparer de la fortune personnelle de madame de Rodde, ajoutèrent de nouvelles peines et de nouvelles inquiétudes à celles dont l'âme sensible de notre compatriote était déjà pénétrée. Voir dans la misère une famille qui avait tout fait pour lui, une femme bien-aimée qui, par ses conseils, son sens droit, ses connaissances profondes et variées, l'avait lancé au premier rang de la littérature contemporaine, et lui avait fait trouver un ami sûr dans un sexe si sujet à l'inconstance ; sentir toutes ces choses ; s'apercevoir pour la première fois qu'on est sans fortune ; être réduit à gémir sur la fatalité du sort..., telle fut la position pénible de Villers. Mais ayant tout à coup réuni, par un dernier effort, les facultés de son esprit, il voulut au moins les appliquer à la défense de madame de Rodde et soutenir ses droits attaqués. Deux mémoires, publiés à cette occasion, excitèrent l'étonnement des hommes de loi, par la solidité et la sagacité des raisonnements, la spécialité des connaissances, et Villers eut la consolation d'avoir sauvé une portion de patrimoine qui laissa quelques ressources à la famille infortunée dont il devait être désormais le seul appui (1).

Lorsque le gouvernement français fit prendre possession des villes anséatiques, il offrit vainement à Villers une place, à son choix, dans la nouvelle administration. Ne voulant ni entrer en partage d'une domination qu'il abhorrait, ni renoncer à la noble mission de se porter médiateur pacifique entre deux grandes nations, en les engageant à

---

(1) *Mémoire sur la question de savoir si la femme d'un failli est tenue de payer les dettes de son mari, d'après le droit de Lubeck.* 1811.

*Exposition de la nature de la communauté des biens entre époux, suivant le droit de Lubeck.* 1811.

un échange mutuel de leurs richesses intellectuelles, il préféra les modestes travaux de professeur de littérature française à l'université de Gœttingue. Sa nomination à cette chaire venait de lui parvenir, dans les premiers jours de janvier 1811, lorsqu'au milieu de ses préparatifs de départ pour son nouveau poste, il vit paraître dans sa chambre, à Lubeck, le 19 février, le colonel de gendarmerie Charlot, envoyé par le maréchal Davoust, aux mains duquel la lettre de Villers, sur les horreurs commises à Lubeck, était tombée peu auparavant, et dont elle avait allumé la colère. L'agent de ce gouverneur, à la fois civil et militaire, des états de basse Saxe et Westphalie, récemment incorporés à la France, mit les effets de Villers sous le scellé, et l'arrêta comme *coupable de trahison et d'attentat contre les intérêts de l'empereur et l'honneur du nom français*. Les papiers de Villers ne présentaient heureusement aucun motif légal à la prolongation de sa détention : la considération qui l'environnait ne permettant pas d'ailleurs à son persécuteur d'en user avec un tel accusé comme envers un homme obscur et moins protégé, le maréchal Davoust se vit contraint de lui rendre la liberté, et de se contenter d'exhaler sa colère dans un article diffamatoire, inséré le 3 mai dans le *Correspondant* de Hambourg, et dans un ordre du jour, qui bannit Villers des pays compris dans le gouvernement du maréchal, comme calomniateur de l'armée française. Villers, retiré à Gœttingue où il se disposait à remplir ses nouvelles fonctions de professeur dans la faculté de philosophie, ayant appris que le maréchal Davoust continuait de se livrer envers lui aux plus violentes menaces, et qu'il n'était pas à l'abri de tout danger dans la ville de Gœttingue, courut se réfugier d'abord à Cassel, où le comte Reinhart, son ami, ministre de France auprès du gouvernement de Westphalie, pourrait le protéger plus efficacement. Mais on l'avertit bientôt de l'impossibilité où cet ambassadeur se trouvait de le préserver d'un acte de violence, surtout pendant l'absence du roi Jérôme, qui allait se rendre à Paris. Villers suivit, en conséquence, les conseils de l'amitié, et s'éloigna des contrées où le gouverneur général exerçait une autorité presque illimitée. Le voyage qu'il fit alors dans la capitale de l'empire lui procura des garanties suffisantes contre de nouvelles persécutions; il y passa sept à huit mois avec madame de Rodde, et revint ensuite en Allemagne partager son temps entre le séjour de Gœttingue, que la famille de Rodde était venue habiter après ses revers de fortune, et celui de Cassel, où l'appelait souvent le désir de rendre service aux universités du pays, à l'aide de ses relations personnelles, de sa franchise courageuse, et de l'ascendant qu'exerce toujours un noble caractère. Voulant se ménager plus de moyens encore d'être utile à ses collègues, ainsi qu'aux étudiants, il accepta une tâche que ses goûts lui eussent fait repousser dans toute autre circonstance, ce fut de prendre part à la rédaction du *Moniteur westphalien*, et d'y plaider la cause des lettres et des universités. Son crédit était si grand à la cour du nouveau roi, qu'on lui offrit, à plusieurs reprises, l'emploi de gouverneur des pages et le titre de conseiller d'état; mais il lui répugnait de consacrer ses travaux à un autre but qu'aux progrès des sciences et des lettres. Cependant, à la suite des évènements de 1813, l'occasion de rendre d'éminents services le tira de nouveau d'un isolement littéraire qui avait pour lui chaque jour de plus puissants attraits. Il eut le bonheur de contribuer au maintien de l'ordre, et de soustraire à la fureur d'une populace égarée son ami, M. Bolius, préfet westphalien. Dans le même moment, il obtint du prince royal de Suède, dont l'armée avait occupé Gœttingue, le retrait de réquisitions écrasantes pour la contrée, et mérita toute la confiance du vainqueur de Leipsick, qui l'ayant déjà distingué aux jours désastreux de la prise de Lubeck, se plut à le combler des marques les plus honorables de sa bienveillance et de son estime. Bernadotte lui envoya même, dès son retour en Suède, l'ordre de l'Étoile-Polaire.

Cet homme illustre, devenu dans sa patrie adoptive l'objet de la reconnaissance universelle, et dans toute l'Allemagne un modèle de désintéressement et de fidélité au culte politique sous la bannière duquel il s'était rangé depuis la marche ambitieuse de Napoléon, ne pensait pas que le moment où ses plus chers désirs allaient enfin s'accomplir, par la délivrance de l'Allemagne et le retour des anciennes dynasties, serait celui où une cour allemande frapperait son cœur du coup le plus douloureux qu'il ait jamais ressenti, et le punirait de la *germanomanie* que lui avaient si amèrement reprochée les satellites de l'empereur des Français. Au lieu de récompenser d'une manière éclatante tout ce que Villers avait fait depuis vingt ans pour la gloire et la liberté de l'Allemagne ; au lieu de sanctionner par de nouveaux bienfaits cette naturalisation que le talent et les travaux de Villers semblaient devoir lui assurer dans un pays qu'il avait adopté pour patrie, le cabinet ministériel de Hanovre, par un arrêté du 21 mars 1814, le destitua de ses fonctions de professeur de l'université de Gœttingue. Les réclamations qu'il adressa au ministère hanovrien et au prince régent furent sans effet. On lui répondit, au nom de ce dernier, que toute démarche serait désormais inutile ; que son prochain retour en France paraissait devoir mieux convenir et à lui-même et à l'université, à laquelle il pouvait être plus utile à l'étranger par ses relations que par sa résidence. Villers croyant devoir sa destitution à un article d'opposition qui avait été inséré dans le *Moniteur* de Westphalie en 1812, et dont on le croyait auteur, écrivit de nouveau pour déclarer que cet article était de M. Charles Viennet. Il lui fut répondu, peu après, qu'il n'existait au ministère aucune trace de cette prétendue accusation ; et, par une lettre du 26 mai, le ministre B.... lui déclara que la résolution du prince était immuable. Villers répliqua qu'une semblable expulsion ayant un caractère déshonorant, il devait insister pour connaître les motifs qui avaient provoqué contre lui seul, parmi tous les savants étrangers domiciliés à Gœttingue, la peine arbitraire du bannissement ; mais cette nouvelle plainte, demeurée sans réponse, lui fit présumer que le ministère obéissait à quelque inimitié secrète.

Résolu de s'exposer à tout, plutôt que d'obéir à des ordres aussi humiliants qu'injustes, Villers ne quitta point Gœttingue. Ses amis l'y retenaient, et usaient de leur influence pour empêcher cet odieux ostracisme contre un savant qui avait si bien mérité du pays. Enfin, des hommes d'état du premier rang, parmi lesquels figurait le comte de Munster, ministre de Hanovre à Londres, arrachèrent, le 19 août 1814, un nouveau décret qui portait à 4,000 florins la pension de Villers, qu'une première décision avait fixée à 3,000, et qui le laissait libre d'en jouir partout où il jugerait convenable d'établir sa demeure : mais le mal était fait ; le trait mortel avait pénétré dans son cœur ; il ne pouvait plus en sortir désormais qu'avec sa vie. La nation lui donna vainement des marques de la plus haute estime ; vainement les premières illustrations de l'Allemagne redoublèrent de soins pour lui faire oublier l'outrage qu'il avait reçu ; l'amitié du baron de Stein, celle de M. Dohm qui l'engageait à venir puiser des consolations chez lui ; l'attachement si vif des élèves de l'université de Gœttingue, les marques de reconnaissance que lui prodiguèrent les principaux magistrats d'une ville anséatique qui voulaient l'avoir au milieu d'eux ; les témoignages d'estime de plusieurs souverains, de Louis XVIII, entre autres, qui le nomma chevalier de Saint-Louis ; les soins assidus de cette digne et constante amie que nous avons déjà citée plusieurs fois, rien ne put cicatriser la profonde blessure de Villers ; en quelques mois un chagrin dévorant l'eut consumé, et, peu de temps avant sa mort, ses traits étaient altérés au point que ses intimes amis le reconnaissaient avec peine. Il l'exprime dans quelques lettres qui nous restent de lui, et fait une peinture touchante des souffrances morales auxquelles son âme était en proie. Cependant, au milieu de cet affaissement progressif qui laisse à l'homme la triste prérogative de compter chaque jour les degrés qui le séparent de la tombe, Villers poursuivit avec courage ses recherches sur la vie de Luther, et se chargea de plusieurs travaux que lui imposait le devoir ou l'amitié. C'est dans ce douloureux intervalle qu'il composa un *Traité de la fausse Valeur et de la fausse Gloire militaire* ; des *Considérations sur les Prisonniers de guerre* ; une *Histoire de la Littérature française* ; un écrit sur le *Retour des Bourbons* ; des articles pour la *Biographie universelle* (1) ; des *Recherches sur l'Allemagne*, pour madame de Staël, etc.

---

(1) Plusieurs *articles*, signés V–s, insérés dans la *Biographie universelle* des frères Michaud : *Achenwald (Godefroy)*, célèbre publiciste, t. I, p. 140, 141 ; *Adelung (Jean-Christophe)*, littérateur et grammairien allemand, 220 à 223 ; *Alkmar (Henri d')*, vieux poète allemand, 582, 583 ; *Asch (Georges-Thomas, baron d')*, médecin des armées russes, II, 562, 563 ; *Beireis (Godefroy-Christophe)*, professeur de chimie et de médecine, IV, 70, 71 ; *Brandès (Ernest)*, homme de lettres et homme d'état, V, 494, 496 ; *Brunet (Claude)*, médecin et philosophe distingué du 18.ᵉ siècle, VI, 114, 16 ; *Caffarelli du Falga (Louis-Marie-Joseph-Maximilien)*, général de division, parent de Villers du côté maternel, 461, 462. L'article *Adelung* n'est pas de Villers seul, son ami Stapfer y a coopéré. Notre compatriote avait encore rédigé d'autres articles, entre autres celui de *Luther*. Ils sont restés manuscrits.

Villers, avec qui cette dame n'avait pas cessé d'entretenir des rapports d'amitié depuis 1803, s'était plu à inspirer et à développer chez elle le goût de la littérature allemande : il lui fit connaître les ouvrages du poète Jean-Paul-Frédéric Richter, traduisit pour elle *le Songe d'un Ange*, l'aida de ses conseils dans le choix des morceaux remarquables d'écrivains allemands qui sont traduits dans son ouvrage. Les deux derniers écrits sortis de la plume de Villers sont un *article* inséré dans les gazettes allemandes *sur l'Histoire de Bonaparte* par Salsfeld, et un *Discours préliminaire* pour une nouvelle édition de la *Confession d'Augsbourg*. Sa fin était bien prochaine lorsqu'il en termina la rédaction. Le dix-septième volume des *OEuvres de Jean Müller* fixa ses dernières pensées : il en interrompit la lecture à cette phrase : « Que reste t-il à un mourant ? Regarder autour de soi et mourir ! »

Villers, sujet, comme sa mère, à de très-fortes migraines, avait éprouvé, le 11 février 1815, une attaque d'apoplexie. Cet accident se renouvela quinze jours après, et il mourut, le 26 du même mois, entre les bras de ses amis, qui ne l'avaient point quitté dans ses derniers moments. Quelques jours avant sa mort, lorsqu'un délire continuel troublait déjà ses sens, il reçut du grand-duc de Bade une lettre gracieuse par laquelle ce prince l'appelait à une chaire de professeur à l'université de Heidelberg ; mais notre compatriote n'eut point la satisfaction de connaître cette nouvelle marque d'intérêt et d'estime. Ce ne fut que le 2 mars qu'on rendit à Villers les honneurs funèbres. Les élèves de l'université, qui n'avaient pas cessé jusque-là de lui donner des témoignages d'une tendresse vraiment filiale, un grand concours de monde, et les nombreux amis qui lui restaient à Gœttingue, malgré les vicissitudes de sa fortune, l'accompagnèrent à sa dernière demeure. Là plusieurs orateurs, sortis de la foule ou choisis parmi ses anciens collègues, ex-

primèrent les regrets de l'amitié, de l'Allemagne savante, et
le deuil où se trouvait plongée l'université de Gœttingue depuis le jour où la chaire de philosophie était devenue veuve
du grand homme dont cet infâme ostracisme avait précipité
le trépas. L'Institut royal de France s'associa à la douleur
que ressentirent tous les corps littéraires ; et malgré la nouvelle commotion politique dont la France fut le théâtre quelques mois plus tard, la mort de Villers ne passa point inaperçue. Son éloge fut prononcé au sein de plusieurs sociétés
savantes, et publié dans différents recueils, notamment dans
*le Mercure* par M. Michel Berr, qui avait eu avec lui des
relations d'amitié. La voix touchante de la poésie ne resta
pas non plus muette sur son tombeau.

Cet homme illustre, mort sans avoir été marié, loin de
sa famille et de son pays, avait légué à madame de Rodde
ses manuscrits, ses notes, ses livres et sa correspondance (1) ;
elle en eût profité pour élever un monument impérissable
à notre compatriote, en publiant une édition de ses œuvres
complètes ; mais la mort l'ayant enlevée elle-même avant
que son projet fût mis à exécution, nous ne savons ce

---

(1) Plusieurs *tragédies*, et, entre autres, celle d'*Ajax, fils d'Oilée*.
*Vie de Luther*, inachevée. Villers en avait fait un abrégé pour la
*Biographie universelle*.
*Histoire de la Littérature française*.
*Traité de la fausse Valeur et de la fausse Gloire militaire*.
*Considérations sur les Prisonniers de guerre*.
*Mémoire sur le retour des Bourbons*.
*Mélanges de Philosophie et de Littérature allemande*. Villers se proposait de publier ce dernier ouvrage de concert avec son ami M. Philippe-Albert Stapfer, qui, d'une chaire de philosophie à l'académie de Berne, s'est élevé par son mérite aux fonctions éminentes de ministre des cultes et des sciences de la république helvétique, etc.
*Recueil de Poésies diverses*.

que sont devenus ces précieux débris, enfouis peut-être dans quelque bibliothèque d'où ils ne sortiront jamais (1).

L'existence littéraire de Villers se partage en deux époques bien tranchées : la première, frivole, enjouée, inégale, remplie d'incidents bizarres, diversifiée par les caprices d'un amour volage, partagée entre des expériences de magnétisme, des succès de salon et de coulisses, fut plus féconde en productions érotiques et légères, en poésies badines et gracieuses, qu'en ouvrages de longue haleine. La seconde eut un caractère grave, empreint de germanisme; une teinte rêveuse et sentimentale, sous laquelle disparurent, quoiqu'en ait dit madame de Staël, l'aimable abandon, la diction légère et correcte de l'écrivain. Comme prosateur, Villers était à vingt-cinq ans ce qu'il n'a jamais été depuis; comme penseur et philosophe, je l'aime mieux discourant sur le magnétisme, sur la liberté, sur l'émancipation du genre humain, que cherchant à populariser la philosophie transcendantale, qui l'enveloppa de ses nuages. Villers, en France, n'eût sans doute pas cessé d'être un littérateur aimable et de bonne compagnie; il eût mis au jour la traduction des odes d'Anacréon, composée dans sa jeunesse, terminé ses tragédies et pris une direction toute poétique; en Allemagne, il perdit une partie de son originalité, et vécut des idées d'autrui plus que des siennes propres. Le style de ses dernières productions ne présente ni l'éclat ni la correction des premiers ouvrages sortis de sa plume. On dirait un Allemand qui cherche à se faire français, plutôt qu'un Français dominé par de nouvelles habitudes. Ces réflexions, cependant, ne peuvent s'appliquer à l'attitude de Villers dans le monde. Il y fut

---

(1) Madame de Rodde, brouillée avec sa famille, est venue à Metz depuis le décès de Villers. Elle était monstrueuse. On assure qu'elle mourut en Provence dans une situation voisine de la misère.

toujours aimable et spirituel, d'une galanterie recherchée
auprès des femmes, d'une conversation attachante, pleine
de verve et de poésie. On ne pouvait le voir sans en être
charmé, ni l'entendre sans concevoir une haute idée de sa
personne ; il le savait, et ne négligeait aucuns frais pour per-
pétuer l'influence particulière qu'il exerça toujours sur le
cœur des femmes. Plein d'amour-propre, posant avec pré-
tention et s'écoutant parler, Villers passait avec raison pour
*le plus beau diseur* de Gœttingue. Il avait le cœur généreux,
l'âme noble, aimait à rendre service, se faisait beaucoup
d'amis, et savait les conserver.

Nous lisons dans une biographie allemande que Villers ne
s'est pas toujours montré assez difficile dans le choix de ses
connaissances, et que la légèreté avec laquelle il se liait aux
personnes qui l'entouraient, avait souvent fait porter sur lui
une opinion défavorable. Ce reproche tient peut-être aux
rapports qu'il eut, étant jeune, avec les membres de la
société des *Amis de Gœttingue*, joyeux épicuriens, parmi
lesquels se trouvaient des hommes fort estimables et d'un
commerce aussi instructif qu'amusant. Dans la dernière pé-
riode de son existence, il vivait retiré, par raison de santé
et par goût, n'admettant dans ses relations intimes que les
personnes qui avaient sa confiance depuis un certain nombre
d'années.

Les détails dans lesquels nous sommes entré jusqu'ici
n'ayant pu servir qu'à peindre la physionomie morale du
grand homme dont nous retraçons l'histoire, ainsi que le
caractère de ses œuvres, quelques mots sur son physique sa-
tisferont la juste curiosité de ceux qui n'isolent point l'homme
matériel de l'homme intellectuel. Villers était d'une haute
stature, d'un maintien noble et aisé ; sa figure exprimait la
bonté ; sa parole était douce ; son regard tendre, spirituel,
vif et perçant ; son front élevé ; son nez long et largement

ouvert; sa bouche avait de la grâce. Divers autres traits de sa physionomie lui donnaient quelque ressemblance avec les portraits de Paul Véronèse.

Le rang qu'occupait Villers dans le monde savant et littéraire l'a rendu l'objet d'une infinité d'hommages qui n'avaient point leur source, comme ceux qu'on adresse aux personnes élevées en dignité, dans le sentiment d'une basse flatterie. Beaucoup d'élèves des universités allemandes lui ont dédié leurs thèses, et plusieurs écrivains ont sollicité l'honneur d'inscrire son nom en tête de leurs ouvrages. Au nombre de ces derniers, nous citerons J.-S. Ersch, qui dédia à l'évêque Grégoire et à Ch. Villers le cinquième volume de sa *France littéraire*, imprimé à Hambourg, en 1806. Gerstenberg, poète dramatique et lyrique, après s'être rencontré avec Villers sur le terrain du kantisme, lui écrivit une *Lettre sur le Principe commun aux deux divisions de la Philosophie critique* (1).

Ainsi, la vie de notre savant fait époque dans le mouvement intellectuel qui rapprocha la France et l'Allemagne; il fut un des chaînons qui lient les compositions littéraires des deux peuples, un point de contact entre le nord et le midi de l'Europe.

Emile BÉGIN.

---

(1) Tome III des *OEuvres de Gerstenberg*, et *Philosophie de Kant*, par Villers, p. 110 et suivantes.

# ESSAI D'INSTRUCTION

## POUR APPRENDRE A MAGNÉTISER (\*).

D. Qu'entendez-vous par magnétiser ?

R. C'est toucher un malade à l'endroit de son mal, ou aux parties les plus sensibles de son corps, afin d'y porter une action de chaleur.

D. Croyez-vous que cette chaleur puisse pénétrer dans le corps d'un malade ?

R. Oui, c'est à quoi on doit tendre ; si cette chaleur n'était que superficielle, elle ne ferait pas beaucoup d'effet.

D. Comment donc considérez-vous cette chaleur ?

R. Comme un fluide qu'il faut chercher à répandre dans le corps du malade.

D. Qu'est-ce donc que le magnétisme animal ?

R. C'est l'action que l'on fait de porter du fluide sur un autre.

D. Tous les hommes ont-ils du fluide ?

R. Oui ; sans cela ils n'existeraient pas.

D. Et tous les hommes peuvent-ils en communiquer aux autres ?

R. Oui, plus ou moins, en raison de leur plus ou moins de santé ou de leur force physique.

D. En ce cas, tous les hommes en santé peuvent donc magnétiser également ?

R. Non pas ; il faut, outre leur force physique, qu'ils aient une volonté bien décidée de faire le bien.

---

(\*) Cette instruction, écrite de la main de Villers, nous a été communiquée par M. de Bony-Lavergne.

D. Je ne vois pas quelle nécessité il y a d'avoir une volonté ferme de faire le bien ; pourvu que je veuille faire entrer le fluide, cela doit suffire ?

R. Cela ne suffit pas : en portant ce fluide, il faut encore qu'il soit bien dirigé ; et c'est la volonté qui dirige toutes nos actions.

D. C'est donc une action de magnétiser ?

R. C'est une action aussi physique que de battre, caresser, piler quelque chose, travailler à un métier qui demande de l'application ; enfin, comme tout ce qui exige du mouvement de notre part.

D. A-t-on besoin d'instruction pour magnétiser ?

R. Oui ; sans instruction, on ne réussirait pas à bien magnétiser.

D. Donnez-m'en un exemple ?

R. Supposez un homme n'ayant aucune notion de peinture, qui, voyant un habile peintre travailler à un tableau, serait assez fou pour vouloir l'imiter, parce que, dirait-il, il n'est question, pour peindre, que de prendre différentes couleurs et de les appliquer sur une toile. Voyant ensuite le barbouillage qui résulterait de son essai, il supposerait qu'il y a un secret qu'on lui a caché, tandis qu'un élève de bonne foi, se laissant montrer et diriger, parviendra peu à peu, en travaillant beaucoup, à égaler et peut-être à surpasser son maître. Cet homme assez fou pour vouloir peindre sans être instruit est l'exemple de tout mauvais magnétiseur : le résultat de son action mal dirigée produit souvent plus de mal que de bien.

D. Avec cette volonté forte de faire pénétrer le fluide, il peut donc quelquefois faire du bien, sans que cette volonté soit bien dirigée ?

R. Oui, mais bien rarement, et toujours accidentellement.

D. Pourquoi ne résulte-t-il de bien qu'accidentellement quand, en magnétisant, la volonté n'est pas bonne.

R. C'est qu'alors, chez le malade, la nature n'étant point dirigée, suit une marche indéterminée.

D. Qu'entendez-vous par diriger la nature ?

R. Je veux dire donner au fluide une direction constante et soutenue.

D. Mais si le fluide entre dans le malade de quelque manière que ce soit, cela doit suffire ?

R. Non pas : en agissant ainsi, on peut occasionner des convulsions, des maux de nerfs et autres affections qui peuvent effrayer le malade et le médecin. La guérison pourra quelquefois s'en suivre, mais ce sera toujours par hasard ; et pour un de guéri, il y en aura vingt qui deviendront plus malades.

D. Quel est donc le moyen de guérir avec plus d'efficacité ?

R. C'est de ne jamais toucher un malade sans une volonté ferme de lui faire du bien, parce qu'on trouve du plaisir à en faire.

D. Est-on sûr alors de ne jamais faire de mal ?

R. On doit être sûr de ne jamais faire de mal, quand toujours et constamment on veut fermement faire du bien.

D. Comment le fluide qui entre dans un malade participe-t-il de la bonne volonté du médecin ?

R. Par la raison très-simple que les effets sont proportionnels aux causes. Je veux faire mal à quelqu'un, je le pince et je le bats : je suis sûr de lui faire du mal, parce que je l'ai voulu ; si je veux lui faire du bien, je le caresse, je le soigne, et l'effet qui s'en suit est proportionnel à ma volonté de lui faire du bien ; si je ne lui veux ni bien ni mal, alors il n'éprouve aucune sensation : point de mal de ma part, ni aucun bien. Mais si cet homme vient à tomber malade ou à mourir de faim, quoiqu'il me soit indifférent, si je ne lui fais pas de bien dans ces occasions, ce sera lui faire du mal.

D. Si je touche un malade sans vouloir lui faire du bien, est-ce que ce sera la même chose que de lui faire du mal ?

R. La même chose absolument : il a besoin de bien, étant malade, et le touchant sans vouloir lui procurer du bien, c'est lui faire du mal.

D. Quelle est la manière de s'y prendre pour magnétiser ?

R. Il faut se considérer comme un aimant dont nos bras et nos mains sont les pôles. Toutes les fois donc que l'on embrasse un malade en posant une main sur son estomac, et l'autre en opposition sur son dos, on le met entre deux pôles, et le fluide tend à circuler d'une main à l'autre en traversant le malade.

D. Ne peut-on pas varier cette position ?

R. Oui, l'on peut porter une main sur la tête sans déranger l'autre main, et continuant toujours à faire la même attention et à avoir la même volonté de faire du bien, la circulation d'une main à l'autre continuera ; la tête et le bas de l'estomac étant les parties **du** corps où il y a le plus de nerfs, ce sont les deux parties où il faut porter le plus d'action.

D. Faut-il frotter fortement ces parties ?

R. Non, il faut les frotter légèrement, et s'arrêter ensuite, en cherchant à reconnaître une impression de chaleur dans le creux des mains : ce sentiment est la marque la plus sûre de l'effet que l'on produit. Si l'on s'aperçoit, en magnétisant, que le malade ferme les yeux, alors il faut les lui frotter légèrement avec les pouces, de même que les deux sourcils, pour empêcher le clignotement ; quelquefois même il n'est pas nécessaire de toucher les yeux : à une petite distance, le fluide pénètre avec autant et plus même d'activité.

D. Quel est donc le résultat le plus satisfaisant qu'il faut chercher à obtenir en magnétisant ?

R. C'est de mettre les malades dans l'état de somnambulisme magnétique.

D. Quoi! il n'y a pas autre chose à faire pour obtenir cet état singulier, que ce que vous venez de dire ?

R. Non ; en touchant un malade de la façon que je viens de l'indiquer, avec beaucoup d'attention et avec une volonté bien ferme de lui faire du bien, vous obtiendrez souvent l'état de somnambulisme, autrement, l'état de crise magnétique.

D. A quoi pourrai-je reconnaître qu'un malade est en crise magnétique ?

R. Lorsque vous le verrez sensible de loin à vos émanations, soit en présentant le pouce devant le creux de son estomac, soit en le lui portant sous le nez.

D. N'y a-t-il pas encore d'indications plus fortes ?

R. Un malade en crise magnétique ne doit répondre qu'à son magnétiseur, et ne doit pas pouvoir souffrir qu'un autre le touche. L'approche des chiens et de tous les êtres animés doit lui être insupportable ; et lorsque par hasard il en a été touché, le magnétiseur seul peut calmer la douleur qu'il en a ressentie.

D. Le magnétiseur a donc un empire tout-puissant sur le malade qu'il a mis en crise magnétique ?

R. Cet empire est absolu en tout ce qui peut concerner le bien-être et la santé du malade. Il obtiendra encore des choses indifférentes en elles-mêmes, comme de le faire marcher, boire, manger, écrire, etc., enfin tout ce qu'on peut demander à la complaisance d'un être quelconque dans son état naturel ; mais si l'on exigeait de lui des choses désagréables, alors on le contrarierait beaucoup, et il n'obéirait pas.

D. Si l'on voulait s'obstiner à vouloir lui faire exécuter des choses qui ne lui conviendraient pas, qu'en résulterait-il ?

R. Le malade, après une vive souffrance, sortirait subitement de l'état magnétique, et le mal qui en résulterait pour lui aurait bien de la peine à être réparé par le magnétiseur.

D. L'état magnétique, autrement dit le somnambulisme, est donc un état qui exige le plus grand ménagement ?

R. Il faut considérer l'homme en état magnétique comme l'être le plus intéressant qui existe, par rapport à son magnétisme. C'est sa confiance en vous qui l'a mis dans le cas de vous en rendre maître ; ce n'est que pour son bien seul que vous pouvez user de votre pouvoir. Le tromper dans cet état, vouloir abuser de sa confiance, c'est faire une action malhonnête, c'est enfin agir en sens contraire à celui de son bien ; d'où doit résulter par conséquent un effet contraire à celui que l'on a produit en lui.

D. Y a-t-il différents degrés de somnambulisme ?

R. Oui ; quelquefois l'on ne procure au malade qu'un simple assoupissement ; à un autre, l'effet du magnétisme est de lui faire fermer les yeux sans qu'il puisse les ouvrir de lui-même ; alors il entend tout le monde, et n'est point dans l'état magnétique : cet état de demi-crise est très-commun.

D. Ces deux effets sont-ils aussi salutaires que le somnambulisme complet ?

R. Ils ne sont pas aussi satisfaisants pour le magnétiseur, parce qu'il ne peut connaître le terme de la maladie ; mais ils sont aussi très-salutaires.

D. Y a-t-il quelques précautions à prendre envers un malade qui entre dans l'état de somnambulisme ?

R. Dès qu'on s'aperçoit qu'un malade a fermé les yeux, et a manifesté de la sensibilité à l'émanation magnétique, il ne faut pas d'abord l'accabler de questions, encore moins vouloir le faire agir d'aucune manière : l'état où il se trouve est nouveau pour lui, il faut, pour ainsi dire, lui en laisser prendre connaissance. On doit d'abord lui demander : *comment vous trouvez-vous ?* puis : *sentez-vous si je vous fais du bien ?* Exprimez-lui ensuite le plaisir que vous ressentez à lui en procurer. De là, peu à peu vous venez aux détails de sa maladie ; mais que l'objet de vos premières questions ne s'étende pas au-delà de sa santé.

D. Pourquoi cela ?

R. C'est que votre but, en le magnétisant, étant sa guérison, toutes les facultés du malade se tournent vers l'objet qui vous a intéressé en le magnétisant ; c'est donc de sa santé seule qu'il s'occupe, et en raison de sa plus ou moins grande sensibilité, il est plus ou moins clairvoyant sur son état présent, comme sur sa guérison future.

D. Quelle est la conduite qu'il faut tenir avec un somnambule magnétique ?

R. C'est de ne jamais rien faire qu'avec sûreté, de ne pas lui déplaire ; c'est ensuite de le consulter sur les heures où il veut être magnétisé, sur le temps qu'il veut rester en crise, sur les médicaments dont il a besoin, et de suivre à la lettre ses indications, sans jamais y manquer d'une minute.

D. Est-ce qu'un être en état magnétique ne peut pas s'ordonner des médicaments contraires à son état ?

R. Jamais cela ne peut être : quelque éloignée que soit l'ordonnance d'un somnambule des règles généralement suivies en médecine, sa sensation est plus sûre que toutes les données arbitraires que l'on peut avoir. La nature s'exprime, pour ainsi dire, par sa bouche ; c'est un instinct véritable qui lui dicte ses demandes : n'y point obéir à la lettre serait manquer le but qu'on se propose, qui est de le guérir.

D. Comment fait-on sortir un malade de l'état magnétique ?

R. Lorsque vous l'avez magnétisé, votre but était de l'endormir, et vous y avez réussi par le seul acte de votre volonté ; c'est de même par un autre acte de volonté que vous le réveillerez.

D. Quoi ! il n'est besoin que de vouloir qu'il ouvre les yeux, pour opérer son réveil ?

R. C'est la principale condition ; ensuite, pour mieux fixer votre idée à l'objet qui vous occupe, vous pouvez lui frotter légèrement les yeux en voulant qu'il les ouvre, et jamais cet effet ne manque d'arriver.

D. Est-il d'autres renseignements à prendre dans la conduite du magnétisme ?

R. Il peut arriver quelquefois qu'un malade éprouve des tremblements, des convulsions ou autres souffrances quelconques, les premières fois que vous le magnétisez ; dans ce cas, il faut aussitôt abandonner votre première volonté de le rendre somnambule, pour ne plus vous occuper que de calmer ses douleurs.

D. Quel moyen faut-il employer pour cela ?

R. Toujours une volonté constante et ferme de ne pas le laisser souffrir, et porter en même temps toute son attention et ses attouchements aux parties souffrantes ; étendre, pour ainsi dire, le fluide dans toute l'étendue de son corps, et ne jamais abandonner le malade, qu'il ne soit dans un état calme et tranquille.

D. Est-on toujours le maître d'arrêter les convulsions ou les souffrances d'un malade ?

R. Oui, lorsqu'elles sont causées par votre magnétisme ; car vous devez vous rappeler que nous avons dit que le magnétisme animal prend toujours le caractère de la volonté du magnétiseur ; toutes les fois donc qu'on n'aimera pas à voir souffrir, l'influence du magnétisme doit apaiser les maux accidentels provenant de la première impression qu'on a donnée.

D. Et les souffrances habituelles d'un malade, sont-elles de même dans le cas d'être anéanties par le magnétisme ?

R. Non, parce que le mal a fait quelquefois de si grands progrès, et jeté de si profondes racines, que l'influence du magnétisme ne peut en détruire les symptômes qu'à force de temps et de soins.

D. Si, après avoir fait tous ses efforts pour arrêter les convulsions que le magnétisme a produites, on n'en vient point à bout, que faut-il faire ?

R. Alors, il ne faut pas s'en effrayer, et croire qu'apparemment la nature de la maladie exige une pareille crise pour débarrasser entièrement le malade ; mais cette tranquillité ne doit être entière qu'après que l'on n'aura rien à se reprocher dans la conduite que l'on a tenue. En général, le cas où un malade conserve des impressions fâcheuses envers son magnétiseur est très-rare : cela ne m'est jamais arrivé qu'une fois ; et l'on sera toujours dans le cas de douter des bonnes dispositions d'un magnétiseur, quand plusieurs fois de suite on saura qu'il n'a pu empêcher des convulsions de se manifester.

D. N'avez-vous plus rien d'intéressant à m'apprendre sur la pratique du magnétisme ?

R. Non, si ce n'est de vous ressouvenir du grand principe sur lequel est fondée la doctrine du magnétisme animal, telle que je l'ai conçue, et telle que je vous l'ai enseignée dans nos leçons. Souvenez-vous que l'homme n'agissant jamais que pour son plus grand intérêt, fera rarement le bien s'il ne trouve pas un grand avantage à le faire, et ce n'est qu'en reconnaissant en lui un principe spirituel émané immédiatement du principe créateur de tout l'univers, qu'il peut sentir la nécessité de satisfaire le besoin continuel de son âme, laquelle, de même que son principe, ne peut se plaire que dans le bien, l'ordre et la vérité. Rapprochez quelquefois votre âme de son principe, que votre pensée le reconnaisse sans cesse, ce sera l'hommage le plus pur que vous puissiez lui rendre, et cette conviction intime augmentera beaucoup votre pouvoir de faire du bien. Si nous sommes tous liés par le même principe, si la même loi nous gouverne sans cesse, si le désir du bien nous anime également, il ne pourra naître entre nous aucune jalousie du succès avec lequel opéreront nos amis, dût-il être plus grand que le nôtre ; nous en jouirons au contraire dans la plénitude de notre âme ; l'amitié, l'indulgence régneront parmi nous, et plus la somme du bien s'augmentera, plus notre bonheur croîtra dans la même proportion.

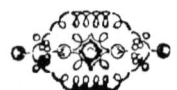

# ERRATA.

Page 11, ligne 52, *au lieu de* abbé commendataire de Fécamp, *lisez :* abbé commendataire de Tréport.

—— 12, ligne 1.<sup>re</sup>, *au lieu de* Grimer, *lisez :* Rimmel.

———— ligne 4, *au lieu de* Galonnier, *lisez :* Galonnyé.

———————— ajoutez les familles Derquin, Montpesat, Soucelier.

—————— ligne 20, ajoutez *le Tonnelier*, où Anthoine jouait le rôle du père Cep.

———— ligne 23, *au lieu de* Grimer, *lisez :* Rimmel.

METZ,

VERRONNAIS, IMPRIMEUR-LIBRAIRE ET LITHOGRAPHE,
RUE DES JARDINS, N.° 14.

www.ingramcontent.com/pod-product-compliance
Lightning Source LLC
LaVergne TN
LVHW050557090426
**835512LV00008B/1207**